创新中国集体领导体制

胡鞍钢 杨竺松 ◎著

★

Innovative China's Collective
Leadership

中信出版集团 · 北京

图书在版编目（CIP）数据

创新中国集体领导体制/胡鞍钢，杨竺松著．－－北京：中信出版社，2017.8（2017.10重印）
（中国道路丛书）
ISBN 978-7-5086-7836-8

Ⅰ．①创… Ⅱ．①胡…②杨… Ⅲ．①领导体制－体制创新－中国 Ⅳ．① C933.1

中国版本图书馆 CIP 数据核字（2017）第 159869 号

创新中国集体领导体制

著　者：胡鞍钢　杨竺松
出版发行：中信出版集团股份有限公司
　　　　　（北京市朝阳区惠新东街甲 4 号富盛大厦 2 座　邮编　100029）
承 印 者：北京诚信伟业印刷有限公司

开　本：787mm×1092mm　1/16　　　印　张：11.5　　字　数：137 千字
版　次：2017 年 8 月第 1 版　　　　　印　次：2017 年 10 月第 2 次印刷
广告经营许可证：京朝工商广字第 8087 号
书　号：ISBN 978-7-5086-7836-8
定　价：39.00 元

《中国道路丛书》学术委员会

《中国道路丛书》 总序言

新中国成立 60 多年以来，中国一直在探索自己的发展道路。特别是在改革开放 30 多年的实践中，努力寻求既发挥市场活力，又充分发挥社会主义优势的发展道路。

改革开放推动了中国的崛起。怎样将中国的发展经验进行系统梳理，构建中国特色的社会主义发展理论体系，让世界理解中国的发展模式？怎样正确总结改革与转型中的经验和教训？怎样正确判断和应对当代世界的诸多问题和未来的挑战，实现中华民族的伟大复兴？这都是对中国理论界的重大挑战。

为此，我们关注并支持有关中国发展道路的学术中一些有价值的前瞻性研究，并邀集各领域的专家学者，深入研究中国发展与改革中的重大问题。我们将组织编辑和出版反映与中国道路研究有关的成果，用中国理论阐释中国实践的系列丛书。

《中国道路丛书》的定位是：致力于推动中国特色社会主义道路、制度、模式的研究和理论创新，以此凝聚社会共识，弘扬社会主义核心价值观，促进立足中国实践、通达历史与现实、具有全球视野的中国学派的形成；鼓励和支持跨学科的研究和交流，加大对中国学者原创性理论的推动和传播。

本《丛书》的宗旨是：坚持实事求是，践行中国道路，发展中国学派。

始终如一地坚持实事求是的认识论和方法论。总结中国经验、探讨中国模式，应注重从中国现实而不是从教条出发。正确认识中国的国情，正确认识中国的发展方向，都离不开实事求是的认识论和方法论。一切从实际出发，以实践作为检验真理的标准，通过实践推动认识的发展，这是中国共产党的世纪奋斗历程中反复证明了的正确认识路线。违背它就会挫折失败，遵循它就能攻坚克难。

毛泽东、邓小平是中国道路的探索者和中国学派的开创者，他们的理论创新始终立足于中国的实际，同时因应世界的变化。理论是行动的指南，他们从来不生搬硬套经典理论，而是在中国建设和改革的实践中丰富和发展社会主义理论。我们要继承和发扬这种精神，摒弃无所作为的思想，拒绝照抄照搬的教条主义，只有实践才是真知的源头。本《丛书》将更加注重理论的实践性品格，体现理论与实际紧密结合的鲜明特点。

坚定不移地践行中国道路，也就是在中国共产党领导下的中国特色社会主义道路。我们在经济高速增长的同时，也遇到了来自各方面的理论挑战，例如将新中国改革开放前后两个历史时期彼此割裂和截然对立的评价；例如极力推行西方所谓"普世价值"和新自由主义经济理论等错误思潮。道路问题是大是大非问题，我们的改革目标和道路是高度一致的，因而，要始终坚持正确的改革方向。历史和现实都告诉我们，只有社会主义才能救中国，只有社会主义才能发展中国。在百年兴衰、大国博弈的历史背景下，中国从积贫积弱的状态中奋然崛起，成为世界上举足轻重的大国，成就斐然，道路独特。既不走封闭僵化的老路，也不走改旗易帜的邪路，一定要走中国特色的社会主义正路，这是我们唯一正确的选择。

推动社会科学各领域中国学派的建立，应该成为致力于中国道路探讨的有识之士的宏大追求。正确认识历史，正确认识现实，积极促进中国学者原创性理论的研究，那些对西方理论和价值观原教旨式的顶礼膜拜的学风，应当受到鄙夷。古今中外的所有优秀文明成果，我们都应该兼收并蓄，但绝不可泥古不化、泥洋不化，而要在中国道路的实践中融会贯通。以实践创新推动理论创新，以理论创新引导实践创新，从内容到形式，从理论架构到话语体系，一以贯之地奉行这种学术新风。我们相信，通过艰苦探索、努力创新得来的丰硕成果，将会在世界话语体系的竞争中造就立足本土的中国学派。

本《丛书》具有跨学科及综合性强的特点，内容覆盖面较宽、开放性、系统性、包容性较强。分为学术、智库、纪实专访、实务、译丛等类型，每种类型又涵盖不同类别，例如在学术类中就涵盖文学、历史学、哲学、经济学、政治学、社会学、法学、战略学、传播学等领域。

这是一项需要进行长期努力的理论基础建设工作，这又是一项极其艰巨的系统工程。基础理论建设严重滞后，学术界理论创新观念不足等现状是制约因素之一。然而，当下中国的舆论场，存在思想乱象、理论乱象、舆论乱象，流行着种种不利于社会主义现代化事业和安定团结的错误思潮，迫切需要正面发声。

经过60多年的社会主义道路奠基和30多年改革开放，我们积累了丰富的实践经验，迫切需要形成中国本土的理论创新和中国话语体系创新，这是树立道路自信、制度自信、理论自信，在国际上争取话语权所必须面对的挑战。我们将与了解中国国情，认同中国改革开放发展道路，有担当精神的中国学派，共同推动这项富有战略意义的出版工程。

中信集团在中国改革开放和现代化建设中曾经发挥了独特的作用，它不仅勇于承担大型国有企业经济责任和社会责任，同时也勇于承担政治责任。它不仅是改革开放的先行者，同时也是中国道路的践行者。中信将以历史担当的使命感，来持续推动中国道路出版工程。

2014 年 8 月，中信集团成立了中信改革发展研究基金会，构建平台，凝聚力量，致力于推动中国改革发展问题的研究，并携手中信出版社共同进行《中国道路丛书》的顶层设计。

本《丛书》的学术委员会和编辑委员会，由多学科多领域的专家组成。我们将进行长期的、系统性的工作，努力使《丛书》成为中国理论创新的孵化器，中国学派的探讨与交流平台，研究问题、建言献策的智库，传播思想、凝聚人心的讲坛。

孔丹

2015年10月25日

目录
—
Contents

| 导　论 |

中国政治制度成功的关键

邓小平指出："我们进行社会主义现代化建设，是要在经济上赶上发达的资本主义国家，在政治上创造比资本主义国家的民主更高更切实的民主，并且造就比这些国家更多更优秀的人才。达到上述三个要求，时间有的可以短些，有的要长些，但是作为一个社会主义大国，我们能够也必须达到。所以，党和国家的各种制度究竟好不好，完善不完善，必须用是否有利于实现这三条来检验。"① 我们将邓小平提出的这三条标准称之为衡量中国制度优劣的"中国标准"。既不是根据所谓"苏联标准"，也不是根据所谓"美国标准"，而是根据"中国标准"来检验、来比较，特别是与美国比较。

首先，中国经济总量已经实现对美国的超越。根据世界银行数据，2013 年中国 GDP 达到 16.8 万亿元（购买力平价，2011 年不变价国际元，下同），跃居世界第一位（美国 GDP 为 16.7 万亿元），

---

① 邓小平. 党和国家领导制度的改革 [M] //邓小平. 邓小平文选：第 2 卷. 北京：人民出版社，1994.

历史性地实现了对美国的超越，[1] 2016 年，中国 GDP 更是提高至近 20 万亿元，对美国的赶超系数达到 114.77%。其次，中国已经造就了比美国更多的人才。中国大学文化程度人口已经大大超过美国，2016 年中国大专以上学历人口超过 1.8 亿人，已大大高于美国的 1.3 亿人；中国从事研究与试验发展活动的科学家与工程师数量也早已超过美国，2016 年达到 400 万人，成为世界第一研发人才大国。[2] 此外，中国顶尖人才的数量也在快速追赶美国。再次，中国已经形成了更具决策民主、决策共识、决策效率的社会主义民主制度。中国共产党作为世界上最大的执政党，成功地领导了世界最大规模的国家治理和社会治理实践，建立了一整套以民主集中制为原则的政治制度体系，其代表就是不断发展和完善的中共中央集体领导体制。

实践证明：中国制度在不断完善发展中很好地体现了"中国标准"。按照这一标准不断实践、不断创新，我们可以预见中国的制度还会更加成功。这就是中国制度的成功之道，也是中国制度的自信之源。

集体领导体制的发展（1927—2012 年）

1990 年 12 月 24 日，邓小平同志在与江泽民同志、李鹏同志谈话中指出，中国问题的关键在于共产党要有一个好的政治局，特别是好的政治局常委会。只要这个环节不发生问题，中国就稳如泰山。[3] 一

---

① 资料来源：世界银行数据库。
② 美国数据来源：Science and Engineering Indicators 2016.
③ 邓小平. 善于利用时机解决发展问题［M］//邓小平. 邓小平文选：第 3 卷. 北京：人民出版社，1994：365.

个好的中央政治局常委会，是中国社会稳定、持续发展乃至迅速崛起的关键性因素。中国的关键在于中国共产党；中国共产党的关键在于中共中央政治局常委会；中共中央政治局常委会的关键在于领导制度，① 即党中央集体领导体制。集体领导体制最重要的特征，就是"集体"二字。它代表"多个机构"，而不是"一个机构"；体现"集体智慧"，而不是"个人智慧"；实行"集体决策"，而不是"个人决策"。党中央集体领导体制是历史的产物，其产生、形成、发展和完善的演进历程是一个典型的制度创新、制度学习、制度变迁的"试错"过程：先是在长达 28 年的新民主主义革命中打下基础，后是在新中国 60 多年的建设实践尤其是近 40 年改革开放的实践中不断巩固和完善。

1927 年至 1948 年，是党中央集体领导体制的开创期。自 1927 年 7 月中央政治局临时常务委员会成立起，② 经过民族战争的考验、国内战争的洗礼和党内斗争的不断淘汰，特别是从 1943 年之后，党的中央领导集体基本稳定，形成了集体领导和个人分工相结合的领导体制，并于 1948 年成为正式的制度，③ 在推动中国共产党和中国人民走向新民主主义革命胜利的过程中不断巩固完善，为新中国成立后集体领导体制的顺利运行奠定了良好基础。

---

① 胡鞍钢. 一个好的中央政治局常委会及其机制设计——以中共第十六届为例 [J]. 国情报告，2007（39）.

② 中共中央党史研究室. 中国共产党历史（第 1 卷）[M]. 北京：中共党史出版社，2002：277.

③ 1948 年，中共中央关于健全党委制的决定强调："党委制是保证集体领导、防止个人包办的重要制度。……集体领导和个人负责，二者不可偏废。"（中共中央文献研究室. 毛泽东思想年编（1921—1975）[M]. 北京：中央文献出版社，2011：601.）对此，邓小平将其评价为"对于加强党的集体领导，尤其起了重大作用"（邓小平. 关于修改党的章程的报告 [M]//邓小平. 邓小平文选：第 1 卷. 北京：人民出版社，1994：229）。

1949 年至 1957 年，是党中央集体领导体制的建立期。在这一时期的大部分时间里，根据党的七大所做的制度设计，党的领导集体是中共中央书记处，由毛泽东、朱德、刘少奇、周恩来、任弼时（1950 年 10 月去世）和陈云担任书记处书记。1956 年，党的八大重新建立中央政治局常务委员会，中共八届一中全会选举了毛泽东、刘少奇、周恩来、朱德、陈云、邓小平为中央政治局常委，构成了新中国第一代中央领导集体；1958 年，中共八届五中全会补选林彪为中央政治局常委，由此形成了七位中央政治局常委代表五大机构的格局。①

1958 年至 1976 年的"大跃进"与"文化大革命"时期是党中央集体领导体制受到严重破坏的时期。这一时期，从 1959 年之后毛泽东不再担任国家主席，改变了党中央主席、国家主席、军委主席三位一体的领导体制，客观上形成了"一线"在前、"二线"在后的二元权力结构，同时也产生了毛泽东个人与"一线"领导集体的信息不对称性；同时，由于毛泽东个人专断的愈加严重，党的集体领导体制遭到严重削弱，留下了深刻的历史教训，也为后来的领导人恢复重建党中央集体领导体制留下了丰富的历史财富。

1977 年至 1991 年，是党中央集体领导体制的恢复重建期。这一时期，中央政治局常委会发挥了党的核心领导集体作用，不同常委分别代表主要不同国家机构；从 1980 年 2 月起，重新设立了中央书记处，恢复了中央书记处、中央政治局、中央政治局常委会 3 个层次的领导体制。至 1989 年 11 月，形成了中央政治局常委会六人代表五大

---

① 五大机构指中共中央、全国人大、国务院、全国政协、中央军委。

机构①的格局，邓小平正式退出中共中央领导集体，新老两代领导集体的交接班顺利完成。②

1992 年至 2012 年，是党中央集体领导体制的巩固完善期。从党的十四届一中全会之后的 20 年间，党中央集体领导体制的巩固完善大体分"两步走"：第一步是恢复了中共中央总书记、国家主席和中央军委主席"三位一体"的领导体制，并形成了中共十四届、十五届中央政治局"七常委"机制，七常委分别代表六大机构③；第二步是形成了中共十六届、十七届中央政治局"九常委"机制，九常委分别代表八大机构④。这一时期，党的集体领导制度得到不断巩固，党在政治上更趋成熟，党的执政能力不断提升，中国经济持续繁荣，社会保持稳定，综合国力不断走向强盛。

中国集体领导体制发源于毛泽东，重建于邓小平，巩固于江泽民，完善于胡锦涛，至党的十八大前，形成了集体交接班、集体分工协作、集体学习、集体调研和集体决策五大机制。这是他们给国家治理奠定的最重要的政治资产。中国集体领导体制能够适应十分复杂的中国国情，能够令中国赢得激烈的国际竞争，它比美国的总统制、两党制、"三权分立"体制更加优越，也经得起实践的检验、历史的检验和国际竞争的检验。

党的十八大以来，以习近平同志为核心的党中央审时度势、高瞻远瞩，使集体领导体制有了一系列重要的发展和创新，在五大机制的

---

① 五大机构指中共中央、国务院、中央军委、中央纪委，中央宣传口。

② 1990 年 7 月，邓小平对来华访问的加拿大前总理皮埃尔·特鲁多介绍，十年前我就考虑交接班的问题，一直到去年（指 1989 年）才完成换代的事情。参见中共中央文献研究室. 邓小平年谱（1975—1997）（下册）［M］. 北京：中央文献出版社，2004：1318.

③ 六大机构指中共中央、全国人大、国务院、全国政协、中央军委、中央纪委。

④ 八大机构指中共中央、全国人大、国务院、全国政协、中央军委、中央纪委、中央政法委、中央宣传口。

基础上，又增加了集体外事机制、集体自律机制，特别是恢复了核心体制，形成了核心加七大机制的领导体制框架。实践表明，这一体制更加适应于全面深化改革、全面从严治党、深化国防和军队现代化建设、全面参与和引领全球治理的需要。本书将围绕十八大以来党中央集体领导体制的创新与发展展开讨论。

内容提要

中国的关键在于中国共产党；中国共产党的关键在于中共中央政治局常委会；中共中央政治局常委会的关键在于集体领导体制。这是中国不断取得成功的关键。

集体领导体制开创于革命战争时期，建立于新中国成立初期，恢复、巩固、完善于改革开放新时期。党的十八大前，已经形成了集体交接班、集体分工协作、集体学习、集体调研和集体决策五大重要机制。党的十八大以来，以习近平同志为核心的党中央又进一步创新和发展了集体领导体制。

首先，党一定要有领袖，有领导核心。习近平同志成为党中央的核心、全党的核心，是党心之所向、军心之所归、民心之所望，是社会主义现代化事业发展之所需。党的核心是十几亿中国人民的领袖，是中国社会主义现代化的领路人。

其次，集体外事机制和集体自律机制得到大大强化，在中央政治局及其常委会治国理政及全面从严治党中发挥重要作用。由此，集体领导体制从"五大机制"发展为"七大机制"，更加适应面向"两个一百年"宏伟目标的需要。

再次，原有五大机制的运行呈现出一系列新特点。中央政治局常委会规模由9人调整至7人，常委分工也相应调整。中央政治局集体学习主题更具历史纵深，更具全球视野。集体调研对重大决策的酝酿支撑作用进一步凸显。集体决策机制进一步完善，中央领导机构组织架构得到优化，中央政治局常委会内部协作增强，会议决策制度更加完善，决策过程更加开放透明。

集体领导体制的创新与发展，不仅反映了中国制度创新、制度实践、制度调整、制度完善的发展，也是党的十八大以来，党中央取得治国理政一系列重大成就的根本原因。它具有一系列十分重要的制度优势，对此，我们要保持高度的制度自觉与制度自信。

集体领导体制创新发展分析框架

在早前关于集体领导体制的研究中，我们提出了信息不对称性和权力不对称性的分析框架。①

信息不对称性，即指领导集体成员受信息和知识结构的限制，相互之间所掌握的信息和知识不对等，也无法获得所有的决策相关信息，也不可能保证获得的信息都是真实的，更不可能保证根据所得信息做出的判断都是正确的。这就需要他们频繁地交流信息，充分地沟通信息，共同分享信息，旨在尽可能降低信息和知识的不对称性，从而在信息互补、知识互补的基础上真正做到集思广益。权力不对称性，是指领导集体不同成员代表不同的机构，存在着决策权力的不对称。这就需要按照少数服从多数的原则进行民主决策，从而降低决策失败的风险，尽可能地避免决策失误，特别是重大决策失误。

在本书中，我们根据党的十八大以来集体领导体制的创新发展，

① 胡鞍钢. 中国集体领导体制［M］. 北京：中国人民大学出版社，2013：14 - 15.

进一步提出"信息对称"与"有效决策"的分析框架。

信息对称，指决策相关信息在领导集体内部得到充分交流、分享，在研究讨论问题时坚持班子成员人人平等，[①] 使领导集体成员个人的信息、知识成为整个领导集体的信息与知识，为集体决策提供对称的信息基础和知识基础。

有效决策，就是在决策过程中充分落实民主集中制，严格遵循决策程序，核心领袖作为领导集体的"班长"与领导集体"一班人"团结协力，共同发挥作用，充分体现"核心与七大机制"集体领导体制的制度优越性：在研究和商议时，切实发扬民主，领导集体所有成员畅所欲言、充分发表意见、交换看法，对少数有不同意见的人做好沟通说服工作；在形成决议时，按照少数服从多数原则做出决定，在出现集体意见存在分歧难以做出决定的特殊情形时，由核心领袖来集中领导集体成员的意见，确保领导集体最终形成决策，保持团结统一的行动力；在落实决策时，核心领袖代表领导集体对集体做出的决策负责，"防止和克服名为集体负责、实际上无人负责"。[②]

总之，就是要坚持领导集体的"合力论"，使"班长"与"一班人"的知识与信息充分汇集、智慧与力量充分汇聚，形成领导集体在政治上、决策上的合力；就是要核心领袖既善于听取意见，又善于集中意见，总揽全局，掌舵把关；就是要领导集体议而能决、决而能行，充分负责，勇于担当。

基于上述分析框架，全书内容包括两大部分：一是关于核心内涵

① 中共中央《关于新形势下党内政治生活的若干准则》规定，党委（党组）主要负责同志"研究讨论问题时要把自己当成班子中平等的一员"。
② 中共中央《关于新形势下党内政治生活的若干准则》，中共十八届六中全会通过。

与核心地位的讨论；二是关于党中央集体领导七大机制的分析。具体内容按照六章来展开：

第1章，从党的十八届六中全会正式提出"紧密团结在以习近平同志为核心的党中央周围"的表述出发，探讨核心的三重含义，并对毛泽东、邓小平、江泽民关于"核心"的论述进行梳理，阐述中国共产党为什么一定要有核心，一定要有领袖。

第2章，总结党的总书记、国家主席和中央军委主席"三位一体"领导制度发展过程中的经验与教训，归纳党的核心所具有的基本特征，论述核心对民主集中制的贯彻所应发挥的作用，以及核心与作为党的基本组织原则的民主集中制之间的关系。

第3章，根据党的十八大以来党中央集体领导体制运行的实际情况，对集体交接班、集体分工协作、集体学习、集体调研和集体决策五大机制所呈现出的一系列新特点加以归纳和分析，反映十八大以来集体领导体制的创新发展。

第4章，围绕党的十八大以来党中央集体领导体制日益凸显的第六大机制即集体外事机制，从中央政治局常委出国访问、出席国际多边会议和会见外国来华访问人士3个方面进行梳理总结，反映党中央集体外事机制是中国全面参与和引领全球治理，对世界产生更大的中国正外部性的需要，体现全球治理能力在党的执政能力体系中重要性的提升。

第5章，从中央政治局带头在前和强化廉洁法规制度约束两个方面，对党的十八大以来党中央所形成的核心负责、集体行动、制度约束的集体自律机制进行总结和分析，揭示这一机制对净化政治生态、回应人民诉求、促进党和国家制度体系乃至整个国家治理体系与治理能力现代化等方面所带来的深远影响。

第 6 章，以党的十八大以来以习近平同志为核心的党中央治国理政的系列成就为依据，总结以集体领导体制为亮点的中国政治制度优势，凸显党中央领导集体历史作用的"分力与合力说"，强调对中国制度的自觉与自信。

| 第 1 章 |

准确理解核心内涵

2016 年 1 月 29 日，中共中央政治局会议首次正式提出"核心意识"重要表述。会议认为：中国共产党领导是中国特色社会主义制度的最大优势，加强党的领导关键是坚持党中央集中统一领导。只有增强政治意识、大局意识、核心意识、看齐意识，自觉在思想上政治上行动上同以习近平同志为总书记的党中央保持高度一致，才能使我们党更加团结统一、坚强有力，始终成为中国特色社会主义事业的坚强领导核心。

2016 年 10 月 28 日，党的十八届六中全会公报首次正式提出"以习近平同志为核心的党中央"重要表述，对党的十八大以来以习近平同志为核心的党中央全面从严治党取得的成就给予高度评价，并号召全党紧密团结在以习近平同志为核心的党中央周围。

回顾 21 世纪中国政治，从 2002 年 11 月党的十六届一中全会选举胡锦涛同志为中共中央总书记起，在此之后的 14 年间，指称在任中共中央总书记个人的"核心"一词，从党的话语体系中淡出。

2003 年 2 月，党的十六届二中全会公报向全党发出号召时，采用了"在以胡锦涛同志为总书记的党中央领导下"① 的表述方式,而未沿用"团结在以江泽民同志为核心的党中央周围"的表述。同年11月,党的十六届三中全会公报在号召中将以上表述进一步调整为"紧密团结在以胡锦涛同志为总书记的党中央周围"。

2004 年 9 月,江泽民同志辞任中央军委主席时评价道:"锦涛同志是中央领导集体的领头人、班长,也是军委领导集体的领头人、班长。"② 这与 1989 年邓小平同志辞任中央军委主席时对江泽民同志的有关评价表述有所不同。当时邓小平同志讲,"我认为,确定以江泽民同志为核心的党中央,是我们全党做出的正确的选择。江泽民同志是合格的军委主席,因为他是合格的党的总书记。"③ 同年 11 月,党的十六届四中全会公报沿用了十六届三中全会公报"以胡锦涛同志为总书记的党中央"的表述,在此之后,又一直延续到党的十八大前。

2012 年 11 月,党的十八大召开后,党中央采用了"以习近平同志为总书记的党中央"表述。直到 2016 年党的十八届六中全会,提出了"以习近平同志为核心的党中央"的新表述。这继承了党的十三届四中全会的做法,即明确核心,从而形成了核心与七大机制的集体领导体制框架。

如果说党的十八届一中全会上习近平同志当选中共中央总书记、中央军委主席拉开了"习近平时代"的序幕,那么以十八届六中全会为标志,"以习近平同志为核心的党中央"表述的正式提出,则意味着中国全面进入"习近平时代"。这就使得准确理解核心内涵、自觉

---

① 新华网北京 2003 年 2 月 26 日电。

② 江泽民.我的心永远同人民军队在一起 [M]//江泽民.江泽民文选:第 3 卷.北京:人民出版社,2006:604.

③ 邓小平.会见参加中央军委扩大会议全体同志时的讲话 [M]//邓小平.邓小平文选:第 3 卷.北京:人民出版社,1993.

增强核心意识具有十分重要的政治意义。为此，本章将对核心的含义加以探讨，并对毛泽东、邓小平、江泽民关于"核心"的论述进行梳理，阐述中国共产党为什么一定要有核心，一定要有领袖。

一、"核心"的三重含义

增强"核心意识"，关键是要对"核心"的内涵加以正确认识和深刻理解。从中国共产党执政 60 余年的历史经验和党的章程内容来看，这个"核心"具有三重含义：

一是"核心力量"。1954 年 9 月，毛泽东在第一届全国人民代表大会第一次会议开幕词中所提出的"领导我们事业的核心力量是中国共产党，指导我们思想的理论基础是马克思列宁主义"的重要论断，即"中国共产党是中国社会主义事业的领导核心"，并写入 1982 年党的十二大修订的《党章》之中。这是对全中国而言的，是全国的"核心"。

二是"领导核心"。1982 年胡乔木对党的十二大修订的《党章》做解释说明："按照新党章（十一届五中全会以来的实际情况也是如此），我们党全部经常工作的领导核心是中央政治局常务委员会。"①中共中央委员会，特别是中央政治局和中央政治局常委会，是对全党实行集中统一领导的核心。这是对全党而言的，充分反映在"全党服从中央"的原则中，即"全党各个组织和全体党员服从党的全国代表大会和中央委员会"。

三是"核心领袖"。党的领导核心集体中的核心人物，即党的领袖。他是党的引路人，即中国之路的引路人；领导核心集体的"班

---

① 胡乔木. 关于《党章》修改问题答新华社记者问 [M] //胡乔木. 胡乔木文集：第 2 卷. 北京：人民出版社，1993：94.

长"、带头人，即在党的核心领导集体中带头遵守规则，带头执行规则，带头反对违反规则的行为①，也是重大决策及结果的责任人。

作为世界最大的执政党，中国共产党一定要有自己的领袖，领袖就是党的代表，就是党的旗帜。作为拥有 8000 多万共产党员、世界最大的执政党，怎能没有党的领袖呢？虽然因为"文化大革命"期间"伟大领袖"一词被滥用，给我们留下了深刻的历史教训。但是，这一失误"不在制，而在政"，②不在于党的领袖制度本身，而是在于搞个人崇拜的错误做法。就毛泽东而言，他也是不断地反对搞个人崇拜，但是党内总有些人大搞个人崇拜，毛泽东常常无奈，被他们"逼上梁山"，这才有了"借钟馗打鬼"之说。③

正因于此，1982 年修订的《党章》明文规定："党禁止任何形式的个人崇拜。要保证党的领导人的活动处于党和人民的监督之下，同时维护一切代表党和人民利益的领导人的威信。"这一规定，既表明党禁止任何形式的个人崇拜，同时也表明维护党的领袖的威信本身就是维护中国共产党和全体人民的最大利益，尤其是在中国进入世界舞台中心大背景下，还代表着全人类的共同利益。

---

① 江泽民讲，要保证我们的社会主义江山永不变色，保证党和国家永远兴旺发达，要靠制度、靠法治，而归根到底要靠高素质的能经得起各种考验的人。制度也好，法治也好，都要由人来制定、执行、遵守和维护。所以，从这个根本意义上讲，人是最终的决定因素。江泽民. 通报中央政治局常委"三讲"情况的讲话［M］// 江泽民. 江泽民文选：第 2 卷. 北京：人民出版社，2006：556 – 557.

② 作者认为，毛泽东的失误不在于创新建立发展新中国的社会主义制度，而在于探索社会主义道路实践过程中的政策失误。胡鞍钢，等. 中国国家治理现代化［M］. 北京：中国人民大学出版社，2014：22.

③ 1966 年 7 月 8 日，毛泽东在《给江青的信》中指出："我的朋友（指林彪——作者注）的讲话，中央催着要发，我准备同意发下去，他是专讲政变问题的。这个问题，像他这样讲法过去还没有过。他的一些提法，我总感觉不安。我历来不相信，我那几本小书，有那样大的神通。现在经他一吹，全党全国都吹起来了，真是王婆卖瓜，自卖自夸。我是被他们逼上梁山的，看来不同意他们不行了。""我猜他们的本意，为了打鬼，借助钟馗。我就在 20 世纪 60 年代当了共产党的钟馗了。"建国以来毛泽东文稿：第 12 册［M］. 北京：中央文献出版社，1998：71 – 72.

二、毛泽东、邓小平、江泽民论"核心"

我们党第一、二、三代中央领导集体核心的有关论述，是准确理解核心内涵有关知识的重要历史来源。

党的第一代中央领导集体的核心是毛泽东，他的论述主要集中在核心的第一重含义上，即中国共产党是领导社会主义事业的核心力量。根据初步统计，从《毛泽东选集》四卷本来看，正文中仅有 6 处出现"核心"一词，注释中另有 3 处；从《毛泽东文集》八卷本来看，正文中共有 35 处出现"核心"一词，注释中另有 8 处。在论及上述"核心"时，毛泽东主要强调党是人民的领导核心、是社会主义事业的核心。[①] 譬如他指出，"中国共产党是全中国人民的领导核心。没有这样一个核心，社会主义事业就不能胜利"；[②] "领导我们革命事业的核心是我们的党"。[③] 这里的"事业"，就是指社会主义现代化事业；"我们"，就是指全体中国人民。

党的第二代中央领导集体的核心是邓小平。关于党的领导核心问题邓小平的论述最多，主要集中在核心的第二、第三重含义上。这与邓小平所处的特定历史阶段和领导地位有直接关系。邓小平以其超凡的政治智慧，妥善解决了评价和继承毛泽东思想的问题，实事求是地维护了毛泽东作为党的第一代领导集体核心的历史地位，不仅肩负起

[①] 毛泽东. 学习马克思主义的认识论和辩证法 [M] //毛泽东. 毛泽东文集：第 8 卷. 北京：人民出版社，1996：326. 毛泽东关于核心的论述所涉及的另一个方面是马克思主义哲学的有关思想和方法。例如，毛泽东指出，"辩证法的核心是对立统一规律，其他范畴如质量互变、否定之否定、联系、发展等等，都可以在核心规律中予以说明。"

[②] 毛泽东. 中国共产党是全中国人民的领导核心 [M] //毛泽东. 毛泽东文集：第 7 卷. 北京：人民出版社，1999：303.

[③] 毛泽东. 增强党的团结，继承党的传统 [M] //毛泽东. 毛泽东文集：第 7 卷. 北京：人民出版社，1999：87.

党的第二代领导集体核心的历史责任，还以其为党为国计长远、善识人敢用人的深邃眼光，同其他老一辈领导人一道，将以江泽民为核心的党的第三代中央领导集体"扶上马，送一程"。从邓小平的有关论述来看，除了中国共产党和各级党组织所处的核心地位之外，还涉及"核心"的其他两重含义：

首先是指党的核心领导集体。1988 年，邓小平讲，"从一九五四年起，我就担任党中央秘书长、国防委员会副主席和国务院副总理，一九五六年起担任党的总书记，是在领导核心之中"；"在党的十三大上，我和一些老同志退出了领导核心"。① 1989 年 9 月，邓小平又进一步明确指出，"党的十三届四中全会选出的以江泽民同志为首的领导核心，现已卓有成效地开展工作。"② 显然，这里的"领导核心"是指中央政治局常委会。

其次是指党的核心领导集体中的核心人物，即党的领袖。邓小平早在 1962 年"七千人大会"上强调党委集体领导时就特别强调了"班长"的核心作用，他讲："在党委内部生活中，应该注意集体领导，分工负责。这里边'班长'的作用很重要。我们党，在过去一段时间里，中央和毛泽东同志都特别强调树立核心；后来，核心大体上树立了，就特别强调如何当好'班长'。这就是说，一定要树立核心。不建立核心，处于涣散的状况，这个党委的工作是做不好的。"③ 邓小平这番话反映的两个重要思想是：第一，党委要树立领导核心，核

---

① 邓小平 . 总结历史是为了开辟未来［M］//邓小平 . 邓小平文选：第 3 卷 . 北京：人民出版社，1993：271、272.

② 邓小平 . 致中共中央政治局的信［M］//邓小平 . 邓小平文选：第 3 卷 . 北京：人民出版社，1993：322.

③ 邓小平 . 在扩大的中央工作会议上的讲话［M］//邓小平 . 邓小平文选：第 1 卷 . 北京：人民出版社，1989：310.

心要当好"班长"。第二，党的组织，无核心不团结。1964 年，邓小平在会见秘鲁共产党访华代表团时，更加明确地表达了在党的核心领袖问题上的高度自觉，强调"党一定要有领袖，有领导核心"；"领袖就是团结的核心，他本身就是力量"。① 显然，邓小平同志提出的基本逻辑是：因为中国共产党讲究集中统一、实行民主集中制，所以必须有领袖，有核心（见专栏 1-1）。

专栏 1-1

邓小平：党一定要有领导核心（摘录）

（一九六四年十一月二十日）

列宁在《共产主义运动中的"左派"幼稚病》一书中对群众、阶级、政党、领袖的关系讲得很清楚。我们的党是有高度统一意志的革命的党，党的组织原则是民主集中制。党一定要有领袖，有领导核心。……要革命的话，就应该建立这样的党。就是工人运动、农民运动，没有领袖行吗？领袖就是团结的核心，他本身就是力量。中国革命之所以取得胜利，就是因为有了毛泽东这样的领袖。领袖与集体领导是不矛盾的。

资料来源：这是邓小平会见秘鲁共产党（马）中央第一书记萨杜尼诺·帕雷德斯时谈话的一部分。《邓小平文集（一九四九——一九七四年）》（下卷），222 页，北京：人民出版社，2014 年 8 月。

"八九风波"后，邓小平重提集体领导的核心。他讲："任何一

---

① 邓小平.党一定要有领导核心［M］//邓小平.邓小平文集：下卷.北京：人民出版社，2014：222.

个领导集体都要有一个核心，没有核心的领导是靠不住的。第一代领
导集体的核心是毛主席。因为有毛主席作领导核心，'文化大革命'
就没有把共产党打倒。第二代实际上我是核心。因为有这个核心，即
使发生了两个领导人的变动，都没有影响我们党的领导，党的领导始
终是稳定的。进入第三代的领导集体也必须有一个核心，这一点所有
在座的同志都要以高度的自觉性来理解和处理。要有意识地维护一个
核心，也就是现在大家同意的江泽民同志。"①

　　邓小平以时代伟人的魄力，在 1989 年 6 月和 11 月的两次中央全
会上，将江泽民先后推上了党的总书记和中共中央军委主席的位置，
1993 年，江泽民又担任了国家主席和国家军委主席，恢复了毛泽东
在 1949—1959 年间施行的"三位一体"的领导核心体制，这是邓小
平留下的非常重要的政治资产，不仅对党和国家以及军队体制具有开
创性的历史意义，而且保证了中国改革开放沿着社会主义道路继续前
进，这与同时期苏联共产党亡党、苏联国家解体形成了鲜明对照。

　　江泽民同志关于"核心"的论述，更多地反映了他在"核心"
的形成、"核心"的作用以及如何更好发挥"核心"作用等问题上的
认识。1999 年，江泽民同志指出，"领导我们这么大一个党，治理这
么大一个国家，建设这么大一支军队，必须有一个团结统一的核心，
这是一条历史规律。维护核心，就是维护党和人民的根本利益"。②
2000 年年初，江泽民又讲："把我作为第三代中央领导集体的核心，
是邓小平同志决定的。……要做好中央的领导工作，一要紧紧依靠全

　　① 邓小平. 第三代领导集体的当务之急［M］//邓小平. 邓小平文选：第 3 卷. 北京：人民
出版社，1993：310.
　　② 江泽民. 十年来军委工作的回顾和总结［M］//江泽民. 江泽民文选：第 2 卷. 北京：人
民出版社，2006.

党同志和广大人民群众在斗争实践中积累的经验，二要靠中央的集体领导。我历来强调，要处理好个人与集体的关系。"① 这也是正确认识和处理核心领导集体与核心领袖关系的基本准则，需要两个自觉性：一个是领导集体"一班人"的自觉性，维护"班长"的核心地位；另一个是"班长"的自觉性，充分依靠领导集体"一班人"的集体智慧。这就保证了党的核心领导集体始终是政治团结、坚强有力，无论出现什么不可预测的政治事件，都能妥善应对。

综上所述，从党的前三代领导集体有关论述中可以总结出这样4 个要点：第一，作为第三重含义的党的领导"核心"，就是指党的领袖。第二，我们党必须有这样一个领袖，作为党的领导集体的核心。第三，在党面临重大考验和挑战的时候，更需要突出和维护一个强有力的核心。第四，必须很好地处理党的领导集体的核心与党的领导集体成员之间的关系。这对我们在当前新时期、新形势下准确理解核心意义、自觉增强核心意识，具有重要历史启示，因为毛泽东、邓小平、江泽民的论述都是长期实践的深刻总结，更是后人的历史财富。

三、党一定要有领袖，有核心

伟大时代需要英雄，世界大国需要领袖。中国正处在一个伟大的时代，必然造就人民英雄乃至中华民族英雄；中国正在成为世界强国，必然会产生强国领袖乃至世界领袖。这是时代所提供的难得机遇，也是历史所赋予的伟大使命。领导核心就是要主动创造战略机

---

① 江泽民. 通报中央政治局常委"三讲"情况的讲话［M］//江泽民. 江泽民文选：第 2 卷. 北京：人民出版社，2006.

遇，敢于担当历史使命。

时势造就英雄，英雄也造就时势。从全球现代国家、现代政党发展的历史来看，核心领袖的出现，是带有普遍性的，并非为中国共产党所独有。大国崛起、大党执政，都与领袖人物发挥核心作用密不可分。① 不仅如此，当国家或政党面临重大挑战甚至存亡危机时，国家与政党的核心领导人同样发挥着关键的作用。② 这些发挥关键作用的核心领导人，也往往成为一个时代的标志。

党的核心是十几亿中国人民的领袖。人民、只有人民，才是创造世界历史的动力。③ 人民也包括领袖，领袖也是人民的领袖，是代表全体人民的根本利益、长远利益，与人民一起创造历史。改革开放以来，中国社会处于全体人民绝对收入持续增长、各阶层相对收入不断分化的不可避免的过程中，邓小平提出由"先富论"到"共同富裕论"的路线图，江泽民提出"三个代表"，胡锦涛提出"科学发展""权为民所用"，再到习近平提出的以人民为中心的发展思想，其主线仍然是毛泽东始终倡导和坚持的群众路线。这就不同于前美国总统奥巴马提出的所谓"中产阶级经济学"的施政纲领。美国总统为了赢得下一次选举，就需要赢得中产阶级这个多数，但它又无法代表绝大多数，也无法代表全体人民，更无法代表弱势人群。

西方将政客与政治家相区分，"政客是为了下一次选举，而政治家则是为了下一代人"。而对中共政治家而言，他们不只是为了下一

---

① 譬如，新生的美国有华盛顿，统一并开始经济起飞的美国有林肯，统一的德国有俾斯麦，新生的苏共和苏联有列宁，新生的中共和中华人民共和国有毛泽东。

② 譬如，罗斯福领导美国走出大萧条、赢得"二战"、奠定全球霸权基础，斯大林领导苏共和苏联赢得卫国战争。

③ 毛泽东. 论联合政府 [M] //毛泽东. 毛泽东选集：第 3 卷. 北京：人民出版社，1991：1031.

代，更是为了中国的长远发展。如毛泽东在 1956 年就提出了花 50 年（指到 2006 年）、60 年（指 2016 年）的时间赶上并超过美国的"强国梦想"；① 又如邓小平在 1987 年就前瞻性地提出中国社会主义现代化的"三步走"战略设想，② 从 1980 年算起直到 2050 年，都涉及了几代人。后来的江泽民、胡锦涛都是沿着这一战略部署创意性地提出 2020 年设想，也都超过了他们的任期。习近平同志不仅提出了"两个一百年"的目标，还提出更长远的中华民族伟大复兴的"中国梦"，这更是几代人的目标。

党的领导核心是中国社会主义现代化的领路人。中国的现代化不同于传统的西方现代化，属于"加速型""赶超型"，中国为了实现现代化，除了有效地利用"后发优势"之外，还需要发挥独特的"政治优势"，既包括实行社会主义制度所形成的长期"制度优势"，也包括领袖人物的"引领优势"，从而实现加速追赶。最具说服力的证明就是中国 GDP（购买力平价，1990 年国际元，下同）相对美国的追赶系数不同程度地迅速提高，从 1950 年的 16.83% 提高至 1957 年的 21.59%，之后又从 1976 年的 21.44% 提高至 2008 年的 93.92%，无论是经济增长率还是增长的持续时间，都创下了现代世界经济史上的

---

① 1956 年，毛泽东在党的八大第二次预备会议上指出，中国会赶上世界上最强大的资本主义国家，就是美国（当时美国成立已近 200 年）。美国只有一亿七千万人口，我国人口比它多几倍，资源也丰富，气候条件跟它差不多，赶上是可能的。应不应该赶上呢？完全应该。假如我们再有五十年（指 2006 年）、六十年（指 2016 年），就完全应该赶过它。毛泽东. 增强党的团结，继承党的传统［M］// 毛泽东. 毛泽东文集：第 7 卷. 北京：人民出版社，1999：88 - 89.

② 1987 年 4 月，邓小平在会见西班牙政府副首相格拉时，第一次完整地阐述了分三步走实现这一战略目标，第一步是在 80 年代翻一番。以 1980 年为基数，当时国民生产总值人均只有 250 美元，翻一番，达到 500 美元。第二步是到 20 世纪末，再翻一番，人均达到 1000 美元。实现这个目标意味着我们进入小康社会，把贫困的中国变成小康的中国。那时国民生产总值超过 10000 亿美元，虽然人均数还很低，但是国家的力量有很大增加。同时他也明确提出了中国长期发展的第三步也是更重要的一步，即在 21 世纪用 30 年到 50 年再翻两番，大体上达到人均 4000 美元。邓小平. 吸取历史经验，防止错误倾向［M］// 邓小平. 邓小平文选：第 3 卷. 北京：人民出版社，1993：226.

纪录。如果领袖人物比同代人看得更远、看得更准，就会加速中国社会主义现代化进程；当然，引路人做得不好，也会影响这一进程，如1957—1976 年中国 GDP 相对美国的追赶系数是基本停滞的，1957 年为21.59%，1976 年为21.44%。[①]

从历史发展的视角来看，中国的现代化属于非常规的现代化。一方面，人民的确是历史的创造者，是历史发展的根本动力，而伟大的政治领袖是加速历史发展的引领者，能够在很大程度上影响人民创造历史的进程；另一方面，伟大的时代又的确能够孕育出伟大的政治领袖，并将他们推上历史舞台，领导人民追求梦想，实现他们所向往的幸福生活。从这个意义上说，中国的崛起和中华民族伟大复兴，在客观上需要产生伟大的政治领袖，能够对内"代表"、对外"代言"：所谓对内"代表"，即以党的总书记、国家主席和中央军委主席的身份代表执政党、国家和国家武装力量；所谓对外"代言"，就是向世界宣示执政党的形象、国家的形象、中国道路的形象和中华文化的形象。要承担起这个角色，必然要求党和国家最高领导人成为党的核心，有效领导党和国家的运行；在中国走进世界舞台中心时，能够担当世界级领袖，代表中国主动承担全球治理重担。

从领导集体决策实践来看，在领导集体中，强有力的政治核心人物的存在，其最重要的意义在于面对纷繁复杂的国内外环境和各种可预见、不可预见的挑战时，能够大大降低核心领导集体内部的信息成本，充分分享决策信息，更有助于达成政治共识，更能够形成政治上的统一性，高效率地做出重大决策。

---

① 计算数据来源：Angus Maddison, Statistics on World Population, GDP and Per Capita GDP, 1 - 2008 AD. http：//www. ggdc. net/MADDISON/oriindex. htm.

四、小结

中国共产党是中国社会主义现代化事业的领导核心，中共中央政治局及其常委会是党的一切日常工作的领导核心，党的核心领导人是党的核心领导集体中的核心人物，是十几亿中国人民的领袖、全党的引路人，是中共中央领导集体的"班长"、带头人，也是中共中央重大决策的责任人。

伟大时代需要英雄，世界大国需要领袖。核心领袖的出现是时代的选择、历史的必然，核心领袖也必将厚重书写历史、深刻影响时代。核心领袖发挥着对内"代表"、对外"代言"的重要作用：对内是以党的总书记、国家主席和中央军委主席的身份代表执政党、国家和国家武装力量，对外是向世界宣示执政党的形象、国家的形象、中国道路的形象和中华文化的形象。

领导集体中因为有了强有力的核心领袖的存在，更能够确保团结统一，高效做出重大决策，更有利于全面深化改革、全面从严治党的深入推进。

| 第 2 章 |

深刻认识核心地位

习近平总书记是党中央的核心、全党的核心。这个核心既是政治领导的核心，需要党中央和全党维护、服从；同时又是思想理论的核心，需要全党认真学习和深刻领会。"核心"的身份代表着政治责任和政治权威，也代表着思想创新和理论权威。"核心"就是一种体制，一种有利于党中央和全党统一思想、统一行动的重要制度安排。

从党的历史来看，"核心"体制也是在不断试错中渐趋成熟。一个十分重要的标志就是中共中央总书记、国家主席和中央军委主席"三位一体"制度的定型，这就需要进一步深入讨论如下问题：如何认识"三位一体"制度发展过程中的经验和教训？毛泽东同志、邓小平同志、江泽民同志及习近平总书记先后成为全党核心，他们都具有哪些重要共同特征？他们作为全党核心地位的确立和巩固，有哪些因素在发挥支撑作用？核心与作为党的基本组织原则的民主集中制之间是什么样的关系？核心在民主集中制的贯彻落实中应发挥什么样的作用？在领导集体中，作为"班长"的核心领袖与"一班人"应当形成怎样的良性互动，以确保集体领导制度能够高效有序地运行？本章尝试对上述问题加以讨论。

一、党在核心问题上的历史经验教训

在确立领导人核心地位的问题上，我们党有过长期的历史实践和探索，既有成功的经验，也有深刻的教训。

以新中国成立后为例，从 1949 年 10 月之后，毛泽东就是中央领导集体的核心，同时担任中国共产党中央委员会主席、中央人民政府主席、中央军委主席，是典型的"三位一体"框架下的领导核心，既是党的代表，也是国家的代表，还是人民解放军及其他武装力量的代表。这一领导核心体制一直保持到了 1959 年，但是毛泽东改变了这一体制（见表 2-1）。

表 2-1　党、国家和军队最高领导人变动情况（1949.09 至今）

时期	中共中央主要负责人	国家主席	中共中央军委主席	国家中央军委主席
1949.09—1954.09	毛泽东（中共中央主席，以下简称主席）	毛泽东（中央人民政府主席）	毛泽东	毛泽东（中央人民政府人民革命军事委员会主席）
1954.09—1959.04	毛泽东（主席）	毛泽东	毛泽东	毛泽东（国防委员会主席）
1959.04—1966.08	毛泽东（主席）	刘少奇	毛泽东	刘少奇（国防委员会主席）
1966.08—1968.10（八届十二中全会）	毛泽东（主席）	—	毛泽东	—
1968.10—1976.09	毛泽东（主席）	—	毛泽东	—
1976.10—1980.02	华国锋（主席）	—	华国锋	—
1980.02—1981.06	胡耀邦（中共中央总书记）	—	华国锋	—
1981.06—1982.09	胡耀邦（主席）	—	邓小平	—

续表

时期	中共中央主要负责人	国家主席	中共中央军委主席	国家中央军委主席
1982.09—1983.06	胡耀邦 （中共中央总书记，以下简称总书记）	—	邓小平	—
1983.06—1987.01	胡耀邦（总书记）	李先念	邓小平	邓小平
1987.01—1987.11	赵紫阳（代总书记）	李先念	邓小平	邓小平
1987.11—1988.04	赵紫阳（总书记）	李先念	邓小平	邓小平
1988.04—1989.06	赵紫阳（总书记）	杨尚昆	邓小平	邓小平
1989.06—1989.11	江泽民（总书记）	杨尚昆	邓小平	邓小平
1989.11—1990.03	江泽民（总书记）	杨尚昆	江泽民	邓小平
1990.03—1993.03	江泽民（总书记）	杨尚昆	江泽民	江泽民
1993.03—2002.11	江泽民（总书记）	江泽民	江泽民	江泽民
2002.11—2003.03	胡锦涛（总书记）	江泽民	江泽民	江泽民
2003.03—2004.09	胡锦涛（总书记）	胡锦涛	江泽民	江泽民
2004.09—2005.03	胡锦涛（总书记）	胡锦涛	胡锦涛	江泽民
2005.03—2012.11	胡锦涛（总书记）	胡锦涛	胡锦涛	胡锦涛
2012.11—2013.03	习近平（总书记）	胡锦涛	习近平	胡锦涛
2013.03 至今	习近平（总书记）	习近平	习近平	习近平

根据新华网、中国共产党新闻网有关信息整理。

鉴于斯大林去世后苏共发生的重大变化，在 1956 年党的八大召开时，毛泽东就已经在中央领导层设立了"一线二线"制度。1957 年，他提出在二届全国人大不连任国家主席。他说："……从 1958 年起让我暂时摆脱此任务，以便集中精力研究一些重要问题。""现在杂事太多，极端妨碍研究问题。"① 1958 年 12 月 9 日，毛泽东在审阅中共八届六中全会关于他不担任下届国家主席候选人决定时，认为不担任国

---

① 中共中央文献研究室.毛泽东年谱：第 3 卷 ［M］.北京：中央文献出版社，2013：147.

家主席，可以让自己"腾出较多的时间，从事马克思列宁主义的理论工作"①。1959 年，刘少奇正式当选国家主席，客观上在中央领导层内部形成了"两个核心"，即毛主席、刘主席。对此，1966 年 10 月，毛泽东在中央工作会议上作了解释：我的责任是分一、二线。为什么分一、二线呢？一是身体不好，二是鉴于苏联的教训。我想在我未死以前，树立他们（指刘少奇、邓小平）的威信。现在走到反面，结果变成独立王国，许多事情不同我商量。② 但实际上，毛泽东已经很少主持召开中央政治局会议及常委会会议，主要是由刘少奇、周恩来、邓小平负责召开会议，然后向毛泽东报告，毛泽东做出指示或批示，由中央政治局及其常委会执行。毛泽东本人在履行核心领袖职责方面，既有"缺位"，更有"越位"，因为"缺位"，才会"越位"，可以个人否定集体决策，凌驾于中央政治局及其常委会之上。这种情形一直维持到毛泽东去世。

　　尽管邓小平时代也有深刻的历史教训，但同时邓小平也做出了重要的历史贡献。作为第二代中央领导集体的核心，邓小平在"文革"之后一直未担任中共中央总书记、国家主席，而是采取了分设总书记、国家主席、中央军委主席由三位中央政治局常委担任的做法，初衷既是为了历练中央领导集体接班人，同时也是为了避免个人集权或个人崇拜。1987 年，党的十三大之后，他已经退出了中央核心领导集体，但还担任中央军委主席，作为一种过渡的制度安排，总书记先是胡耀邦，后是赵紫阳，当时领导核心体制并没有真正理顺，自然在党内高层会出现"两种声音"，由此被国外某些势力千方百计地加以夸大并

①　中共中央文献研究室. 毛泽东年谱：第 3 卷 ［M］. 北京：中央文献出版社，2013：549.
②　中共中央文献研究室. 毛泽东传（1949—1976）：下卷 ［M］. 北京：中央文献出版社，2003：1449.

利用，这也是出现"八六学潮""八九风波"事件的原因之一。直到
1989 年的十三届四中全会、五中全会，邓小平总结了这些经验教训，
从根本上解决了这个关键性的问题，明确提出了党中央领导集体只能
有一个领导核心，通过渐进的方式，用了 4 年时间（指 1989 年 6 月—
1993 年 3 月），正式恢复了"三位一体"的领导核心制度。

从 1949 年以来党、国家和军队最高领导人的变动情况（见表
2 - 1）不难看出，新中国成立前 10 年实行的是领导核心"三位一
体"，即毛泽东同时担任党、国家和军队最高领导；而后这一体制
就改变了，在长达 30 多年（1959—1989 年）的时间里不断地试错；
一直到 1993 年又恢复到"三位一体"的领导核心体制上，从江泽民、
胡锦涛到习近平，在绝大多数时间里都是同时担任中共中央总书记、
国家主席和中央军委主席。党长期执政的历史实践表明，"三位一体"
的领导核心体制是稳定有效的，能够保证党的集体领导和团结统一，
也能够保障国家的政治稳定、保障军队的政治稳定。诚如江泽民同志
所指出的，"党的总书记、国家主席、军委主席三位一体这样的领导
体制和领导形式，对我们这样一个大党、大国来说，不仅是必要的，
而且是最妥当的办法。"①

二、核心领导人的基本特征

党的领导集体的核心，是中共政治家集团的杰出领袖。中共政治
家集团该如何定义？成为这个集团的一分子要符合怎样的标准？

这可以追溯到 1964 年 6 月毛泽东提出的关于如何培养无产阶级

---

① 江泽民. 我的心永远同人民军队在一起［M］//江泽民. 江泽民文选：第 3 卷. 北京：人
民出版社，2006：603.

革命接班人的五条要求。① 概而言之，这五条要求即：懂理论，为人民，讲团结，讲民主，自我批评。

时隔30年后，1994年党的十四届四中全会通过的《中共中央关于加强党的建设几个重大问题的决定》第十六条，对高级干部特别是省部以上党政主要领导干部要努力成为忠诚于马克思主义、坚持走有中国特色社会主义道路、肩负治党治国重任的政治家提出了五条要求，即：

1. 应该具有坚定的政治信念，始终保持清醒的头脑，自觉坚持党的基本理论和基本路线，经得起各种风浪的考验；

2. 应该具有开阔的眼界，熟悉国情，了解世界，解放思想，实事求是，务实创新，开拓前进；

3. 应该具有宽阔的胸襟，讲党性，顾大局，模范执行民主集中制，公道正派，任人唯贤，善于团结同志一道工作；

4. 应该具有较强的领导能力，讲究领导艺术，审时度势，驾驭全局，善于协调各方面的力量；

5. 应该具有优良的作风，廉洁勤政，艰苦奋斗，深入实际，调查研究，谦虚谨慎，联系群众，真心诚意为人民谋利益。

这些要求是在毛泽东关于培养接班人的要求基础上，按照新的历史时期、新的斗争特点提出的，内容更加细化，反映了新的历史时期中国共产党的无产阶级政治家标准的与时俱进。

---

① 毛泽东讲："怎样培养无产阶级的革命接班人？我看有五条。第一条，要教育干部懂得一些马列主义，懂得多一些更好。第二条，要为大多数人民谋利益，为中国人民大多数谋利益，为世界人民大多数谋利益。第三条，要能够团结大多数人，包括从前反对自己反对错了的人，也不能'一朝天子一朝臣'。第四条，有事要跟同志们商量，要听各种意见，要讲民主，不要'一言堂'。第五条，自己有了错误，要作自我批评。"见毛泽东于1964年6月16日下午主持召开中共中央政治局常委和各中央局第一书记会议时的讲话。中共中央文献研究室编，逄先知、冯蕙主编：《毛泽东年谱（1949—1976）》（第5卷），363页，北京：中央文献出版社，2013年12月。

2002 年 11 月，新华社在对新当选的中共第十六届中央委员会进行报道时，首次公开将中共中央委员会明确界定为"政治家集团"，并对政治家集团的人选提出了一系列要求。文中写道："党中央明确提出，新一届中央委员会应当是用马列主义、毛泽东思想、邓小平理论武装起来，忠诚实践'三个代表'重要思想，坚持走中国特色社会主义道路，全心全意为人民服务，始终走在时代前列，能够驾驭复杂局面，应对各种挑战，政治上、思想上、组织上高度团结和统一，善于治党、治国、治军、朝气蓬勃、奋发有为的政治家集团。"[1]

党的领袖作为中共政治家集团的领头人和引路人，任何时候都要在符合这些要求和标准的基础上体现出模范作用。不仅如此，他们还要具备一系列重要特征：

第一，拥有全党全国人民公认的、作为党中央主要负责人的政治地位。人民公认，也就是民心所向，民心就是最大的政治。需要说明的是，在改革开放后的一定历史时期内，领导人作为党中央实际主要负责人的政治地位与其党内职务存在着不完全对等的情况。譬如，邓小平同志生前从未担任过中共中央主要领导职务，[2] 改革开放后，也未担任过中共中央主席、中共中央总书记或国家主席，但是，邓小平同志却是党的第二代领导集体核心。

第二，拥有更高的政治权威。在党、国家和军队重大事务、重大改革、重大人事安排等方面掌握主导权，在集体决策过程中做出最终决定并承担责任；在领导集体内部存在较大分歧、难以依靠民主程序

---

① 《肩负起继往开来的庄严使命——党的新一届中央委员会诞生记》，来源于新华社北京 2002 年 11 月 14 日电。

② 邓小平同志在党的八大后担任的"总书记"一职相当于中央书记处第一书记，中央主要负责人仍然是时任中共中央主席的毛泽东同志。

做出决策时，发挥"一锤定音"、最终促成决策的关键作用。有了
"核心"，才能够很好地承担起民主集中制所要求的"集中"职能，
在领导集体内部统一思想、有效决策，进而维护全党的团结统一。

第三，对党的理论体系做出重大贡献，是党的思想创新核心。从
历次《中国共产党章程》修订的情况来看，党的七大、十五大、十七
大和十八大议决的《党章》，分别将毛泽东思想、邓小平理论、"三个
代表"重要思想和科学发展观并列于马克思列宁主义之后，写入党的
行动指南当中；党的十八大以来，习近平总书记提出了以人民为中心
的发展思想，包括"四个全面"战略布局、"五大发展"重要理念以及一
系列当代中国马克思主义政治经济学重要思想等，为在新的历史条件下深
化改革开放、加快推进社会主义现代化提供了科学理论指导和行动指南。

第四，对国家治理体系和治理能力现代化做出重大贡献。毛泽东创
建了新中国的基本制度；邓小平不仅重建了这些制度，而且是不断推动这
些制度改革创新的总设计师；江泽民、胡锦涛巩固完善了社会主义基本制
度，建立并完善了社会主义市场经济体制。在此基础上，习近平总书记首
次提出了"完善和发展中国特色社会主义制度，推进国家治理体系与治理
能力现代化"的重大任务，并以此作为全面深化改革的总目标。

第五，领导中国人民在实现中华民族伟大复兴道路上取得重大突
破、重大跨越。毛泽东对中华民族复兴做出了不可磨灭的伟大贡献，
结束了旧中国百年来受人奴役的屈辱历史，缔造了政治上独立、经济
上自主的中华人民共和国，建立了比较完整的国民经济体系特别是现
代工业体系；根据安格斯·麦迪森（Angus Maddison）[1] 关于 GDP

---

[1] 1987 年，麦迪森被聘为格罗宁根大学经济学教授，在此后的 20 多年中，他创立了格罗宁
根增长与发展研究中心，领导了"国际产出与生产率比较"（LCOP）研究计划，发展了生产法购买
力平价理论及其在国际比较中的应用，其创建的"麦迪森数据库"惠及很多研究者。——编者注

（购买力平价口径，1990 年国际元）的计算，1950 年，中国对美国的追赶系数①为 16.83%，到毛泽东逝世的当年，即 1976 年，增加至 21.44%，② 26 年间共提高了 4.61 个百分点。此后，邓小平开创了改革开放时代，到他正式退休的 1989 年，这一追赶系数提高到了 35.97%，13 年累计增加了 14.53 个百分点，增幅大大高于毛泽东时代。江泽民接过了改革开放的"接力棒"，到 2002 年，这一追赶系数已经增加至 65.35%，13 年间的累计增量接近 30 个百分点。在胡锦涛担任中共中央总书记的 10 年间，根据世界银行 GDP（购买力平价口径，2011 年不变价国际元）数据计算的中国对美国赶超系数从 2002 年的 41.43% 提高至 2012 年的 94.90%，10 年累计提高了 53.47 个百分点，是大幅度追赶美国最显著的时期。2013 年，中国 GDP 超过美国；2016 年，中国对美国的赶超系数进一步升至 114.77%（见表 2 - 2）。以习近平同志为核心的党中央，不仅将圆满实现全面建成小康社会的第一个百年目标，还将为开启实现第二个百年目标以及中华民族伟大复兴奠定坚实基础。

表 2 - 2　中国 GDP 对美国的赶超系数（1950—2016 年）

（单位:%）

年份	Angus Maddison（购买力平价，1990 年国际元）	世界银行数据（购买力平价，2011 年不变价国际元）
1950	16.83	—
1957	21.59	—
1976	21.44	—

---

① 追赶系数（亦即赶超系数）是指在有关指标上中国数值相当于美国数值的比重。

② 根据计算，在 1950 年至 1956 年短短 6 年间，中国对美国的追赶系数已提高至 20.77%；而从 1957 年开始至 1976 年的 20 年间，这一追赶系数只提高了 0.67%。

年份	Angus Maddison （购买力平价，1990 年国际元）	世界银行数据 （购买力平价，2011 年不变价国际元）
1989	35.97	18.6（1990）
2002	65.35	41.43
2007	93.92（2008）	62.48
2012	—	94.90
2013	—	100.60
2014	—	105.42
2016	—	114.77

计算数据来源：Angus Maddison 世界经济数据库（公元元年—2008 年），世界银行数据库。

第六，对人类发展做出重大贡献。早在 1956 年，毛泽东就提出了"中国贡献论"，即进入 21 世纪，中国应当对人类做出较大的贡献。[①] 1978 年，邓小平提出中国要对第三世界做出更多的贡献。[②] 1997 年，江泽民进一步提出中国要争取对人类做出新的更大的贡献。[③] 2007 年，

[①] 1956 年，毛泽东在《纪念孙中山先生》一文中指出，"一九一一年的革命，即辛亥革命，到今年，不过四十五年，中国的面目完全变了。再过四十五年，就是二千零一年，也就是进到二十一世纪的时候，中国的面目更要大变。中国将变为一个强大的社会主义工业国。中国应当这样。因为中国是一个具有九百六十万平方公里土地和六万万人口的国家，中国应当对于人类有较大的贡献。而这种贡献，在过去一个长时期内，则是太少了。这使我们感到惭愧。"毛泽东. 纪念孙中山先生［M］//毛泽东. 毛泽东文集：第 7 卷. 北京：人民出版社，1999：156 – 157.

[②] 邓小平讲："我们现在还很穷，在无产阶级国际主义义务方面，还不可能做得很多，贡献还很小。到实现了四个现代化，国民经济发展了，我们对人类特别是对第三世界的贡献可能会多一点。"邓小平. 实现四化，永不称霸［M］//邓小平. 邓小平文选：第 2 卷. 北京：人民出版社，1993：112.

[③] 1997 年 11 月，江泽民在访问美国时指出："中国作为疆域辽阔、人口众多、历史悠久的国家，应该对人类有较大的贡献。中国人民所以要进行百年不屈不挠的斗争，所以要实行一次又一次的伟大变革、实现国家的繁荣富强，所以要加强民族团结、完成祖国统一大业，所以要促进世界和平与发展的崇高事业，归根到底就是为了一个目标：实现中华民族的伟大复兴，争取对人类作出新的更大的贡献。"江泽民. 增进相互了解，加强友好合作［M］//江泽民. 江泽民文选：第 2 卷. 北京：人民出版社，2006：63.

胡锦涛又提出中国要为人类文明做出更大贡献。① 2012 年 11 月，习近平当选新一届中共中央总书记后同记者见面时提出，"我们的责任，就是要团结带领全党全国各族人民，接过历史的接力棒，继续为实现中华民族伟大复兴而努力奋斗，使中华民族更加坚强有力地自立于世界民族之林，为人类作出新的更大的贡献。"② 他还提出"中国梦"与世界之梦息息相通，中国将始终做全球发展的贡献者。③

三、核心是贯彻民主集中制的带头人

民主集中制，决定了领袖与集体领导之间并不矛盾。

1962 年，邓小平在"七千人大会"上曾指出，"民主集中制是党和国家的最根本的制度，也是我们传统的制度。坚持这个传统的制度，并且使它更加完善起来，是十分重要的事情，是关系我们党和国家命运的事情。"④

处于核心地位的领导人的存在，一个制度性的意义就在于很好地贯彻执行民主集中制；民主与集中不是对立的，而是统一的，关键是如何很好地实现两者的统一，因此客观上就要求"核心"的存在。其理由在于民主靠集体，集中靠"核心"，这是民主集中制有效运行的

① 胡锦涛指出，到 2020 年全面建设小康社会目标实现之时……，成为对外更加开放、更加具有亲和力、为人类文明作出更大贡献的国家。（胡锦涛. 高举中国特色社会主义伟大旗帜为夺取全面建设小康社会新胜利而奋斗 ［R］. 2007－10－15.）

② 新华社北京 2012 年 11 月 15 日电。

③ 习近平总书记多次宣示：中国梦是和平、发展、合作、共赢的梦，与世界各国人民的美好梦想息息相通。中国将始终做全球发展的贡献者，坚持走共同发展道路，继续奉行互利共赢的开放战略，将自身发展经验和机遇同世界各国分享，欢迎各国搭乘中国发展"快车""便车""顺风车"。中共中央宣传部. 习近平总书记系列重要讲话读本（2016 年版）［M］. 北京：学习出版社，2016：15－16.

④ 邓小平. 在扩大的中央工作会议上的讲话 ［M］//邓小平. 邓小平文选：第 1 卷. 北京：人民出版社，1989：312.

"两条腿"：

一条是民主机制，即坚持集体领导，通过民主来提高信息对称性。没有集体领导，也就无所谓"民主"。如同毛泽东所提出的"互通情报"原则，中央领导集体组成人员之间要把彼此知道的情况互相通知、互相交流，[①] 严格执行重大事项集体决策原则，在决策时开诚布公、充分讨论、充分交换意见，通过领导班子内部的充分交流、发扬民主，尽可能降低信息、知识和经验的不对称性。要坚持实事求是、解放思想，通过中央正式会议（如中央政治局常委会会议、中央政治局会议、中央委员会全体会议等）做出正式决定，确保重大战略决策是经过充分调查研究、反复酝酿、科学理性、严谨审慎做出的，能够充分反映中央领导集体的共识，体现集体政治智慧的集大成。

另一条是集中机制，即在汇集了领导班子成员意见的基础上，由"班长"来促成共识、做出决定、承担责任。一方面，在实际操作中，并不是民主之后就一定能自动形成决策，相反，还会出现围绕重大问题存在争论、领导集体内部存在分歧的情况。这时，为了保证党的统一意志和统一行动，就需要"班长"出来解释、引导、说服，甚至力排众议，最终形成决策。另一方面，即使通过投票，按照票数少数服从多数的规则形成决议，在执行过程中，也需要"班长"通过进一步的沟通建立思想上的共识，提高决议的执行质量，使决议更好地落到实处。因此，"班长"肩负着对重大问题包括风险性问题做出最后决定，并代表领导集体对决定负责的责任。这就要求领导集体中有一个

---

① 毛泽东. 党委会的工作方法［M］//毛泽东. 毛泽东选集：第 4 卷. 北京：人民出版社，1991：1441.

智慧的、坚强有力的核心，没有这个核心，也就无所谓真正的"集中"。领导集体只有树立起优秀的、称职的"核心"，才能够真正解决好民主之后如何集中的问题；核心的树立是党的民主集中制原则真正有效运行的必然要求。①

四、领导集体"班长"与"一班人"的关系

1999 年，江泽民同志指出，"（核心）做工作要依靠大家的智慧，依靠坚强团结，依靠集体领导。核心是在斗争实践中形成的，核心的作用要通过集体领导来实现和发挥，维护核心要通过维护和贯彻党的路线方针政策的效果来体现。"② 2000 年，江泽民同志再次强调："要处理好个人与集体的关系，做工作要依靠大家的智慧，依靠相互的坚强团结，依靠集体领导，依靠全党同志群策群力。"③ 显然，一个健康的、高效履职的中央领导集体，首先要团结，其次要通过正确的工作方法进行集体领导。

（一）维护领导集体的团结

班子团结是领导集体发挥好作用的关键性因素。1939 年，毛泽

---

① 当然，我们在强调集中、强调"核心"的同时，也必须注意到：客观上，中央政治局及其常委会的"核心"相对于领导集体其他成员具有权力优势，这就形成了事实上的权力不对称性。权力的不对称性，其作用在于强化党的集中统一领导，但同时也有两种可能性：只有决策正确了，集中统一领导才能办成好事；如果决策出现失误，集中统一领导反而会办坏事。因此，核心和整个领导集体即中央政治局常委会最大限度地提高决策信息的对称性，来确保集体决策是科学的、充分体现集体智慧的，通过信息的对称性来保证权力的不对称性在科学理性的轨道上运行，从正面而不是反面放大决策的影响。只要充分发扬民主，形成信息充分对称基础上的科学决策，就可以规避毛泽东同志晚年错误的根源，即高度的信息不对称性和高度的权力不对称性相叠加的问题。

② 江泽民. 十年来军委工作的回顾和总结［M］//江泽民. 江泽民文选：第 2 卷. 北京：人民出版社，2006：480.

③ 江泽民. 通报中央政治局常委"三讲"情况的讲话［M］//江泽民. 江泽民文选：第 2 卷. 北京：人民出版社，2006：576.

东就指出："只要中央与高级干部是团结的，全党必能团结。"① 1954
年，毛泽东就对其建议七届四中全会通过的《关于增强党的团结的决
议》中对党的高级干部的团结问题提出了一系列重要主张。毛泽东指
出，党的中央委员会和省（市）委员会以上的负责干部和武装部队的
高级负责干部的团结，尤其是决定革命胜利的最主要的关键，还对全
党高级干部增强团结提出了六条规定，② 其中尤其强调党的团结的唯
一中心是党的中央，重大问题应直接向党中央的政治局、书记处或中
央主席报告和反映。

　　1978 年，邓小平同志也指出，"加强全国各族人民的团结，首先
要加强全党的团结，特别是要加强党的领导核心的团结。我们党的团
结，是建立在马列主义、毛泽东思想基础上的团结。"③ 1989 年，他
多次强调，"只要有一个好的政治局，特别是有一个好的常委会，只

---

① 毛泽东. 反投降提纲——在延安高级干部会议上的报告和结论的提纲［M］//毛泽东. 毛
泽东文集：第 2 卷. 北京：人民出版社，1993：228.
② 这六条规定是：（一）党的团结的利益高于一切，因此应当把维护和巩固党的团结作为指
导自己言论和行动的标准，即有利于党的团结的话就说，不利于党的团结的话就不说，有利于党的
团结的事就做，不利于党的团结的事就不做。（二）党是工人阶级先进分子的统一的集中的组织，
党的团结的唯一中心是党的中央，因此，必须把任何地区、任何部门的党的组织及其工作看作是在
中央统一领导下的整个党及其工作的不可分割的一部分，反对任何派别思想、小团体习气、地方主
义、山头主义和本位主义，反对任何妨碍中央统一领导、损害中央的团结和威信的言论和行动。
（三）党的团结的重要保证之一是严格遵守民主集中制，严格遵守集体领导的原则，因此必须坚决
反对分散主义和个人主义，反对把自己领导的地区和部门当作独立王国，反对把个人放在组织之
上，反对不适当地过分地强调个人的作用，反对骄傲情绪和个人崇拜。（四）全党高级干部的重要
的政治活动和政治意见应经常向所属的党的组织报告和反映，其关系特别重大者则应直接向党中央
的政治局、书记处或中央主席报告和反映；如果避开党的组织和避开中央来进行个人的或小集团的
政治活动，如果避开党的组织和避开中央来散布个人的或小集团的政治意见，这在党内就是一种非
法活动，就是违反党的纪律、破坏党的团结的活动，就必须加以反对和禁止。（五）全党高级干部
应根据增强党的团结的原则来检查自己的言论和行动，凡是不利于党的团结的言论和行动都必须改
正。（六）对于任何有损党的团结的言论和行动应当进行批评和斗争。中共中央文献研究室. 建国
以来重要文献选编（第 5 册）［M］. 北京：中央文献出版社，2011：111－112.
③ 邓小平. 解放思想，实事求是，团结一致向前看［M］//邓小平. 邓小平文选：第 2 卷.
北京：人民出版社，1993：148.

要它是团结的，努力工作的，能够成为榜样的，就是在艰苦创业反对腐败方面成为榜样的，什么乱子出来都挡得住"；① "我们是一个大国，只要我们的领导很稳定又很坚定，那末谁也拿中国没有办法"；"你们这个班子要搞好，关键是要形成集体领导。你们应该是一个合作得很好的集体"。② 显然，没有团结的常委会班子，就不可能有"很稳定又很坚定"的领导，也不可能形成"合作得很好"的政治局面。

维护党的核心，就是维护党的领导集体的团结统一。没有核心，也就无所谓团结；没有团结，就无法形成合力。核心维护好领导集体"一班人"的团结，就要把舵抓总、维护团结，形成领导集体合力。习近平总书记早在十年前担任浙江省委书记时就对此有过十分精辟的论述。

2007 年，习近平同志曾撰文指出：班子的主要负责同志，是一"船"之长，要起好把舵抓总的作用，凝聚全"船"之力，使"船"沿着正确的航道前进。班子里的其他成员要各司其职，相互配合，这样"和"然后"合"，大家团结和谐，就能形成合力。③ 这可以称之为习近平总书记关于"班长"与"一班人"的"合力论"。这个合力，来源于领导集体的团结。什么样的团结才是正确的团结呢？"党的团结必须是也只能是在马克思列宁主义基础上的团结，在正确的政治原则和正确的组织原则的基础上的团结。"④ 这个"正确的政治原则和组织原则"，集中到一点，就是有利于党的集中统一领导。"党的

---

① 邓小平 . 第三代领导集体的当务之急［M］//邓小平 . 邓小平文选：第 3 卷 . 北京：人民出版社，1993：310.

② 邓小平 . 改革开放政策稳定，中国大有希望［M］//邓小平 . 邓小平文选：第 3 卷 . 北京：人民出版社，1993：318.

③ 习近平 . 要 "和" 才能 "合"［M］//习近平 . 之江新语 . 杭州：浙江人民出版社，2007：254.

④ 1954 年 2 月 10 日，中国共产党七届四中全会通过《关于增强党的团结的决议》。

团结的唯一中心是党的中央"，① 党中央团结的唯一中心是中央政治局及其常委会，中央政治局及其常委会团结的唯一中心是党的领袖；团结是领导集体发挥好领导作用的基础，维护核心就是维护领导集体的团结，核心意识是最重要、最根本的政治纪律、政治规矩。

（二）坚持正确的工作方法

领导集体要坚持正确的工作方法。这就需要核心当好领导集体一班人的"班长"。这一要求是毛泽东首先提出来的，他在公开的文章、讲话中也提得很多。2016 年 2 月，习近平总书记曾专门就学习毛泽东《党委会的工作方法》一文做出过重要批示。从内容来看，《党委会的工作方法》从"互通情报""弹钢琴"等多个方面归纳出了 12 条（见专栏 2 - 1），为"班长"和"一班人"应如何坚持正确的工作方法、做好党委会工作提供了重要指导。②

专栏 2 - 1
党委会的工作方法（摘录）
（一九四九年三月十三日）

一、党委书记要善于当"班长"。……书记要当好"班长"，就应该很好地学习和研究。……书记和委员之间的关系是少数服从多数。

二、要把问题摆到桌面上来。……不要在背后议论。有了问题就开会……"班长"和委员还要能互相谅解。

三、"互通情报"。就是说，党委各委员之间要把彼此知道的情况

---

① 1954 年 2 月 10 日，中国共产党七届四中全会通过《关于增强党的团结的决议》。
② 毛泽东. 党委会的工作方法 [M] // 毛泽东. 毛泽东选集：第 4 卷. 北京：人民出版社，1991：1440 - 1443.

互相通知、互相交流。

四、不懂得和不了解的东西要问下级,不要轻易表示赞成或反对。

五、学会"弹钢琴"。……党委要抓紧中心工作,又要围绕中心工作而同时开展其他方面的工作。

六、要"抓紧"。就是说,党委对主要工作不但一定要"抓",而且一定要"抓紧"。

七、胸中有"数"。这是说,对情况和问题一定要注意到它们的数量方面,要有基本的数量的分析。

八、"安民告示"。开会要事先通知……。如果没有准备,就不要急于开会。

九、"精兵简政"。讲话、演说、写文章和写决议案,都应当简明扼要。会议也不要开得太长。

十、注意团结那些和自己意见不同的同志一道工作。……我们不仅要善于团结和自己意见相同的同志,而且要善于团结和自己意见不同的同志一道工作。

十一、力戒骄傲。……禁止给党的领导者祝寿,禁止用党的领导者的名字作地名、街名和企业的名字,保持艰苦奋斗作风,制止歌功颂德现象。

十二、划清两种界限。首先,是革命还是反革命?……其次,在革命的队伍中,要划清正确和错误、成绩和缺点的界限。

资料来源:《毛泽东选集》第四卷,1440—1444 页,北京:人民出版社,1991 年。

核心最重要的工作方法是发挥好指挥协调作用,在领导集体中取得认识上的统一和行动上的一致。针对这一问题,习近平同志曾于

2003 年在《浙江日报》上发表《多种声音和一首乐曲》一文，指出："一把手"的领导艺术，就在于……充分发扬党内民主，确保决策的民主化和科学化，确保党委班子认识上的统一和行动上的一致。这就像一支乐队，只能有一个指挥。离开了指挥，乐队的演奏不协调，大家各自的声音汇集在一起就变成了"杂音"。乐队指挥的高超技艺，就表现在他能巧妙精致地指挥乐队吹拉弹唱，形成丝竹和谐、齐奏一曲悦耳动听的交响乐。领导班子的"一把手"，就应该成为这样的指挥，善于把"多种声音"协调为"一首乐曲"，从而使领导集体的决策尽可能反映客观实际，符合人民利益。①

从党的历史特别是新中国成立后的历史来看，"班长"的能力及其所发挥的作用，与领导集体"一班人"的能力及其作用之间，构成了乘法关系，即习近平总书记提出的合力论。两者在民主集中制原则和集体领导制度的基础上相互促进、相得益彰；核心强、班子强、集体领导制度运行良好，则领导集体强。

一个坚强有力的中央政治局常委会，既离不开强有力的、能够很好地承担起领袖使命的核心，也离不开年富力强、能力卓著的其他组成人员"一班人"。譬如从 1949 年到 1956 年党的八大，就是核心强、班子强则领导集体强的典型时期。这一时期，毛泽东同志作为党的领袖，自觉地维护了集体领导制度，容许不同意见在中央领导集体内部进行坦诚、平等的交流，愿意听取他人的意见；党内民主集中制得到了较好地继承、坚持和完善，党的八大还以大会报告的形式对一系列好的领导体制予以正式确认。

从人力资本的视角来看，党中央领导集体的"班长"与"一班

---

① 习近平. 多种声音和一首乐曲［M］//习近平. 之江新语. 杭州：浙江人民出版社，2007：22.

人"都是具有高水平人力资本的政治家,具有极大的知识外溢性和互补性,核心领袖的引领和领导集体的领导是互补互益、相辅相成的关系。在集体领导中实行充分民主,在核心作用的发挥中实现正确集中,共同确保党的领导体制在正确轨道上运行。

五、小结

中共中央总书记、国家主席、中央军委主席"三位一体"的领导核心体制是党在 60 余年建设和改革历程中逐步摸索并稳定下来、更加成熟定型的重要领导制度,能够保证党的集体领导和团结统一,也能够保障国家的政治稳定、保障军队的政治稳定。

归纳来看,党的历代核心领导人都具有一系列重要的共同特征,包括:拥有全党全国人民公认的党中央政治核心地位;拥有更高的政治权威;作为党的思想领袖,对党的理论体系做出重大贡献;对国家治理体系和治理能力现代化做出重大贡献;领导中国人民在实现伟大民族复兴道路上取得重大突破、重大跨越;作为世界强国中国的领袖,代表中国对全人类做出重大贡献。

核心不仅与党的集体领导体制不矛盾,而且还是集体领导体制按照民主集中原则有效运行的重要保证。核心是贯彻民主集中制的带头人,既要带头发扬民主,也要在集中时有效整合众意、担当责任,确保领导集体团结统一,实现有效决策;作为"班长"的核心要与领导集体"一班人"共同维护好领导集体的团结,还要发挥好指挥协调作用,在领导集体中取得认识上的统一和行动上的一致,实现核心与领导集体成员在知识上、能力上的"乘法效应",形成领导合力。

| 第3章 |

集体领导五大机制的发展

　　党中央集体领导体制，包括集体交接班、集体分工协作、集体学习、集体调研和集体决策五大机制。党的十八大以来，党中央积极推动集体领导机制的创新发展，五大机制呈现出一系列新的特点，并与以习近平同志为核心的党中央治国理政新理念新思想新战略相因应；此外，集体外事机制和集体自律机制得到了强化。诚如习近平总书记所指出的，"我们党抓党的建设，很重要的一条经验就是要不断总结我们党长期以来形成的历史经验和成功做法，并结合新的形势任务和实践要求加以创新。"① 本章将着重对党的十八大以来集体领导体制"五大机制"的创新发展进行梳理。

一、集体交接班机制与集体分工协作机制

　　集体交接班机制，是指将党和国家领导权力从一届领导集体手中平稳交接到下一届领导集体手中的制度安排。② 这一安排也充分吸取

---

① 习近平．关于《关于新形势下党内政治生活的若干准则》和《中国共产党党内监督条例》的说明．来源于新华社，2016 – 11 – 02.
② 集体交接班机制与集体分工协作机制有关内容的讨论，参见胡鞍钢：《中国集体领导体制》，47 – 78 页，北京：中国人民大学出版社，2013 年 7 月。

了毛泽东时期个人指定一个接班人的历史教训，采用集体考察、集体选择、集体交班、集体接班的做法。集体交接班的一个突出特点是接班人需要经过多级台阶历练，特别是担任省委书记以学习如何治省、为在任中央领导集体成员担任助手以学习如何治国，经受长时间的培养和考察，才能够成为新一届中央领导集体成员。从"文革"结束后党中央有关政治实践来看，集体交接班机制是确保党和国家领导集体权力稳定交接、确保集体领导体制顺利继承和延续的一项重要的制度保障，有力推动了中央领导集体新老交替的制度化、规范化和程序化。

集体分工协作机制，是指中央政治局常委会成员从党总揽全局、协调各方的领导核心作用出发，既分别代表不同机构、分管不同工作，同时又协调合力践行重大决策的运行机制。从第十六届和第十七届中央政治局常务委员会的分工方式来看，9 位常委中的 4 位分别代表了党中央和中央军委、政府（国务院）、全国人大、全国政协（各自全面负责该机构的工作，党的总书记兼任中央军委主席，同时担任国家主席，对外代表国家），另 5 位常委分管党的组织工作、宣传与意识形态工作、纪律检查工作（作为中纪委书记）和政法工作（作为中央政法委书记），共享决策信息，创新战略设想，协调决策意见，做出科学决策。

集体交接班机制和集体分工协作机制，在整个集体领导体制中发挥着基础性的作用。集体交接班越平稳，越有利于政治形势的稳定，接班领导集体也越是坚强可靠，党越能够肩负起自身的历史使命。领导集体内部分工越科学、协作越密切，越有利于分享决策信息、科学高效决策，越有利于维护领导集体的团结统一。党的十八届一中全会召开后，这两项基础性机制的具体内容与十八大前相比均发生了重要变化。

　　一是常委会规模缩小，中央政治局常委人数从第十七届的 9 人减少至本届的 7 人。对于中央政治局常委会的人员规模，从历史上来看，党的章程从未对其做出过明确规定，实践中也是按需确定。从党的十一届三中全会以来，常委人数从 6 人增至 7 人，又减至 6 人，后又减至 5 人，从第十三届开始又由 5 人逐渐增加至第十六届、第十七届的 9 人（见表 3 - 1）。至本届，中央政治局常委人数又回归于第十四届、十五届的七人制。

表 3 - 1　十一届三中全会以来中央政治局常委人数变化

会议（时间）	人数	姓名
十一届三中全会 （1978.12）	6	华国锋、叶剑英、邓小平、李先念、陈云、汪东兴
十一届五中全会 （1980.02）	7	华国锋、叶剑英、邓小平、李先念、陈云、胡耀邦、赵紫阳
十一届六中全会 （1981.06）	7	胡耀邦、叶剑英、邓小平、赵紫阳、李先念、陈云、华国锋
十二届一中全会 （1982.09）	6	胡耀邦、叶剑英、邓小平、赵紫阳、李先念、陈云
十二届四中全会 （1985.09）	5	胡耀邦、邓小平、赵紫阳、李先念、陈云
中央政治局扩大会议 （1987.01）	5	赵紫阳、邓小平、李先念、陈云、胡耀邦
十三届一中全会 （1987.11）	5	赵紫阳、李鹏、乔石、胡启立、姚依林
十三届四中全会 （1989.06）	6	江泽民、李鹏、乔石、姚依林、宋平、李瑞环
十四届一中全会 （1992.10）	7	江泽民、李鹏、乔石、李瑞环、朱镕基、刘华清、胡锦涛
十五届一中全会 （1997.09）	7	江泽民、李鹏、朱镕基、李瑞环、胡锦涛、尉健行、李岚清

续表

会议（时间）	人数	姓名
十六届一中全会 （2002.11）	9	胡锦涛、吴邦国、温家宝、贾庆林、曾庆红、黄菊 （2007.06病逝）、吴官正、李长春、罗干
十七届一中全会 （2007.10）	9	胡锦涛、吴邦国、温家宝、贾庆林、李长春、习近平、 李克强、贺国强、周永康
十八届一中全会 （2012.11）	7	习近平、李克强、张德江、俞正声、刘云山、王岐山、 张高丽

注：此表系作者整理。

资料来源：中共中央党史研究室. 中国共产党历史：第2卷［M］. 北京：中共党史出版社，2011.

　　从基本特征和任职经历来看，本届常委会成员平均年龄提高至63.4岁，超过第十六届、十七届中央政治局常委会（62.1岁），但低于第十五届（65.1岁）。在地方治理上的历练也更加丰富，本届中央政治局常委上任前担任省委书记或省长的平均时间长达8年，也超过了过去三届中央政治局常委。①

　　二是常委分工调整。常委分工调整是与常委人数减少相对应的。具体来看，调整之一是常委不再兼任国家副主席、中共中央政法委书记两职。调整之二是组织工作与宣传意识形态这两大方面的党务工作，由两人分担调整为由一人同时承担。从第十七届中央政治局常委会来看，习近平同志在常委会中排名第五，兼任国家副主席、中央书记处书记，中央党校校长，分管以组织口为主的党务工作，从2010年开始又兼任中央军委副主席；李长春同志分管党的宣传及意识形态工作，周永康分管党的政法工作。从党的十八大开始，刘云山同志协助习近平同志分管组织口和宣传与意识形态口两

_____

① 杨竺松. 省委常委成长路径视角下中共干部选任机制研究［D］. 北京：清华大学，2016.

大方面的党务工作，国家副主席、中央政法委书记均由中央政治局委员担任。

表 3–2　中共十四届至十八届中央政治局常委职务及分工

届次	职务/分工												
	中共中央总书记	国家主席	中央军委主席	全国人大委员长	国务院总理	全国政协主席	国家副主席	中央军委副主席	国务院常务副总理	党的组织工作	党的宣传工作	党的纪律检查工作	党的政法工作
十四届（7人）	√	√	√	√	√	√		√	√	√			
十五届（7人）	√	√	√	√	√	√	√	(√)	√			√	
十六届（9人）	√	√	√	√	√	√	√	(√)	√		√	√	√
十七届（9人）	√	√	√	√	√	√	√	(√)	√		√	√	√
十八届（7人）	√	√	√	√	√	√						√	

注：此表系作者根据中国共产党新闻网信息整理而成。"（√）"表示当届常委兼任中央军委副主席情况在届中发生过变动。具体包括：第十五届中央政治局常委会，胡锦涛同志于 1999 年就任中央军委副主席；第十六届中央政治局常委会，胡锦涛同志于 2004 年卸任中央军委副主席，就任中央军委主席；第十七届中央政治局常委会，习近平同志于 2010 年就任中央军委副主席。

中央政治局常委会回归"七人制"以及常委分工的调整，对降低决策层内部信息成本、提高决策效率、增强领导集体团结统一具有积极作用，也更能够适应十八大以来中央集中决策、高效决策的需要。

二、集体学习机制

中国共产党是学习型政党。习近平总书记指出："事业发展没有止境，学习就没有止境"；"中国共产党人依靠学习走到今天，也必然要依靠学习走向未来"。① 早在 1941 年，毛泽东就在《改造我们的学习》一文中对全党的学习提出了三个要求，即系统地研究国际国内现状、系统地研究中国历史、以中国革命实际问题为中心研究马克思列宁主义；② 1987 年，邓小平同志又强调要重视学习改革开放新知识、学习马列主义毛泽东思想。③ 从 2003 年 2 月党中央集体学习制度正式建立以来，④ 中央政治局始终坚持这一重要制度，为全党加强学习起到了良好的带头示范作用。

截至 2016 年年末，十八届中央政治局共进行集体学习 37 次，其中 2012 年 2 次，2013 年 10 次，2014 年 7 次，2015 年 10 次，2016 年 8 次。从内容来看，中央政治局集体学习广泛涉及"四个全面"战略布局和全面参与全球治理、"五位一体"总体布局和国防与军队建设的各个方面，充分展现了以习近平同志为核心的党中央把握国内国际两个大局、引领中国迈向社会主义现代化强国的宏大布局。与往届中央政治局集体学习相比，本届中央政治局集体学习在坚持信息共享、注重交流启发，问政、请教专家，开放式学习与交流，创新性学习、

① 习近平. 在中央党校建校 80 周年庆祝大会暨 2013 年春季学期开学典礼上的讲话. 来源于人民网，2013 - 03 - 01.

② 毛泽东. 改造我们的学习 ［M］//毛泽东. 毛泽东选集: 第 3 卷. 北京: 人民出版社，1991: 796 - 797.

③ 邓小平. 中央顾问委员会向党的第十三次全国代表大会的工作报告 ［R/OL］. (1987 - 10 - 30). http://www.people.com.cn/GB/shizheng/252/5089/5105/5277/20010430/456309.html.

④ 胡锦涛. 关于中央的工作 ［M］//中共中央文献研究室. 十六大以来重要文献选编（上）. 北京: 中央文献出版社，2005: 152.

分享集体智慧等特点基础上,① 又呈现出新的特点:

一是集体学习选题的重大问题导向特征十分突出。十八届中央政治局四年多的集体学习,选题涉及建设网络强国、严肃党内政治生活、应对人口老龄化、健全公共安全体系、使市场在资源配置中起决定性作用、加快自贸区建设、经略海洋与建设海洋强国等内容,这都是以往中央政治局集体学习较少或未曾涉及的主题,对本届党中央治国理政的重点工作和国内外出现的新形势新情况新问题具有很强的指向性。

二是注重从历史中汲取营养。本届中央政治局集体学习选题大量涉及中华文明史、国内战争史、传统文化史,还涉及国家治理和反腐倡廉的历史,譬如"历史上的丝绸之路和海上丝绸之路""中华民族爱国主义精神的历史形成和发展""中国人民抗日战争的回顾和思考""我国历史上的国家治理""我国历史上的反腐倡廉"等选题。此外,还十分重视学习马克思主义的历史分析方法,将"历史唯物主义基本原理和方法论"列为选题之一,还安排部分政治局委员围绕"在对历史的深入思考中更好走向未来 交出发展中国特色社会主义合格答卷"作重点发言,充分体现出本届党中央从中华民族和中国共产党的宝贵历史财富中汲取营养的自觉性和主动性,体现出党中央高度的文化自信和历史自信。

三是集体学习的选题更具全球视野。本届中央政治局先后两次(2015 年、2016 年)围绕全球治理体系变革、全球治理格局、全球治理体制等专题进行集体学习,这在历届中央政治局集体学习选题中是前所未有的,特别是习近平同志在集体学习时的一系列重要讲话,充

---

① 参见胡鞍钢:《中国集体领导体制》,84－86 页,北京:中国人民大学出版社,2013 年 7 月。

分反映了对国际国内两个大局及其关系的深刻认识和敏锐判断。譬如，"我们参与全球治理的根本目的，就是服从服务于实现'两个一百年'奋斗目标、实现中华民族伟大复兴的中国梦"；[①] "全球治理格局取决于国际力量对比，全球治理体系变革源于国际力量对比变化"；要"集中力量办好自己的事情，不断增强我们在国际上说话办事的实力"，但也要"尽力而为、量力而行"。[②] 这与中国成为世界第一大经济体（根据购买力平价口径衡量的 GDP 计算，2011 年不变价国际元）和第二大综合国力国的全球地位相称，也与中国走向世界舞台中心的角色变化相呼应。

四是学习形式更加多样。第十八届中央政治局集体学习在邀请专家学者走进中南海担任集体学习主讲嘉宾的基础上创新了学习形式，中央政治局委员做重点发言并参与交流，共计 6 次集体学习、28 人次，体现了集体学习"人人是学生，人人是老师"。此外，还增加了中央领导人走出中南海到建设发展一线参观考察的内容，如第九次集体学习，习近平同志率中央政治局常委会参观中关村科技创新企业、科研单位重要创新成果，采取调研、讲解、讨论相结合的形式围绕创新驱动发展战略开展学习。[③]

本届中央政治局集体学习所体现出的一系列新变化，是中央领导集体与知识界、与作为决策"外脑"的智库之间的良性互动不断发展、更趋成熟的表现。通过集体学习，中央政治局成员的知识结构得到了进一步优化，增强了包括学习能力和创新能力在内的治国理政综合能力，同时有助于分享信息、统一思想，最终有利于集体

---

① 《人民日报》，2015 年 10 月 14 日，01 版。
② 新华社北京 2016 年 9 月 28 日电。
③ 新华社北京 2013 年 10 月 1 日电。

决策机制的顺利运行。不仅如此，中央政治局集体学习还带动了全党学习，特别是推动了对马克思主义政治经济学理论的学习，对从思想上武装全党起到了十分重要的带头示范和促进作用；还及时传递出了中央重大决策信息，如国防和军队改革、全面参与全球治理的重要思想等。

三、集体调研机制

没有调查，没有发言权，[①] 没有调查就没有决策权。[②] 习近平同志也曾指出：调查研究不仅是一种工作方法，而且是关系党和人民事业得失成败的大问题；调查研究的过程，是领导干部提高认识能力、判断能力和工作能力的过程。[③] 调查研究是党中央正确战略决策所需信息的重要来源，党中央带头高度重视调查研究，这长期以来就是我们党十分重要的优良传统，并且不断发扬光大，不断趋于制度化。

党的十八大以来，中央政治局常委会继续坚持集体调查研究机制，夙夜在公、情系民生，谋划发展、推进改革，深入全国各地督促党中央重大路线方针政策的贯彻落实，了解经济社会运行情况，指导地方工作。

根据公开报道初步统计，截至 2016 年年末，习近平同志共用了107 天时间，对全国大部分省份进行了共计 52 次调研；七位中央政治局常委共用了 502 天时间，对全国各省区市进行了共计 219 次调研。

---

① 毛泽东. 反对本本主义 [M] //毛泽东. 毛泽东选集：第 1 卷. 北京：人民出版社，1991：109.
② 江泽民. 没有调查就没有决策权 [M] //江泽民. 江泽民文选：第 1 卷. 北京：人民出版社，2006：308.
③ 习近平. 谈谈调查研究 [N]. 学习时报，2011 – 11 – 21（1）.

梳理发现，党的十八大以来中央政治局常委会集体调研至少有三方面的重要功能得到凸显：

一是为党中央正式提出重大战略方针进行酝酿和预热。2014 年 12 月，习近平同志调研江苏时强调，要"主动把握和积极适应经济发展新常态，协调推进全面建成小康社会、全面深化改革、全面推进依法治国、全面从严治党，推动改革开放和社会主义现代化建设迈上新台阶"。① 这是习近平同志首次完整表述"四个全面"战略思想的组成内容，为 2015 年 2 月在省部级主要领导干部学习贯彻十八届四中全会精神全面推进依法治国专题研讨班上正式提出"四个全面"战略布局做了预热。② 这既反映出理论与实践之间密不可分的互动关系，反映出党的重大战略方针从酝酿到成熟的发展过程；又兼顾到了"柔性"的政策扩散，便于全党全社会更好地熟悉和理解"四个全面"战略布局的重要思想。

二是对党中央制定出台重大决策起到支撑作用。以制定"十三五"规划为例，2015 年 5 月至 7 月，习近平同志先后在浙江、贵州、吉林主持召开座谈会，听取 18 个省区市主要领导同志对"十三五"时期经济社会发展的意见和建议，就抓好经济社会发展、做好"十三五"规划编制工作进行指导；③ 2015 年 9 月张高丽同志在广西调研

---

① 新华网南京 2014 年 12 月 14 日电。http：//news. xinhuanet. com/politics/2014 - 12/14/c_1113636703. htm。

② 实际上，从新中国成立以来的历史看，党的领袖在地方巡视、考察和调研期间提出重大战略方针多有先例，如毛泽东在 1953 年 2 月巡视湖北时首次提出了比较成熟的过渡时期总路线的思想（见薄一波 1965 年 12 月 30 日给田家英的信，载逄先知、李捷：《毛泽东与过渡时期总路线》，《党的文献》，2001 年第 4 期），邓小平在 1992 年南方谈话中提出了一系列明确改革开放方向的重要思想，等等。

③ 参见新华社：《全面建小康　扬帆再起航——〈中共中央关于制定国民经济和社会发展第十三个五年规划的建议〉诞生记》，2015 年 11 月 4 日。

时,听取了当地对"十三五"规划编制工作的意见。① 2013 年,中共中央政治局常委会多位同志分赴全国各地开展调查研究,在此基础上对十八届三中全会《决定》稿起草提出了重要意见。② 中央政治局常委会集体调查研究,为党中央提出全面深化改革、"五大发展"理念等重大顶层设计起到了促进作用。

三是促进中央重点工作部署的贯彻落实。根据 2013 年 5 月中央下发的《关于在全党深入开展党的群众路线教育实践活动的意见》中"中央政治局常委同志建立教育实践活动联系点,对联系点所在地方和分管领域的教育实践活动进行指导"的部署,当年下半年,中央政治局常委在调研河北等定点联系省份时,③ 均将"调研指导党的群众路线教育实践活动"作为重要议题之一,通过与人民群众面对面交流、召开座谈会等形式,直接听取干部群众对反对"四风"的意见建议;在第二轮群众路线教育实践活动中,又定点联系了兰考等七个县。④ 党的群众路线教育实践活动中中央政治局常委分头联系有关省县两级行政区这一重要的机制创新,既体现出中央对地方既有方向上的领导、引导,又有实践中的指导、督导,还反映出以习近平同志为核心的党中央在贯彻落实党的群众路线方面实现了全党的高度统一,对确保教育活动收到实效发挥了重要作用。

---

① 新华社南宁 2015 年 9 月 19 日电。

② 参见新华社:《让改革旗帜高高飘扬——〈中共中央关于全面深化改革若干重大问题的决定〉诞生记》,2013 年 11 月 19 日。

③ 定点联系有关省份情况为:习近平联系河北省,李克强联系广西壮族自治区,张德江联系江苏省,俞正声联系甘肃省,刘云山联系浙江省,王岐山联系黑龙江省,张高丽联系四川省。参见《以上率下 示范全党——习近平总书记等中共中央政治局常委同志全程指导群众路线教育实践活动联系点纪实》,新华社 2014 年 1 月 16 日。

④ 习近平联系河南省兰考县,李克强联系内蒙古自治区翁牛特旗,张德江联系福建省上杭县,俞正声联系云南省武定县,刘云山联系陕西省礼泉县,王岐山联系山东省蒙阴县,张高丽联系吉林省农安县。新华网北京 2014 年 9 月 25 日电。

四、集体决策机制

重大战略决策的成功是最大的成功，重大战略决策的失败是最大的失败。保证重大决策成功、避免重大决策失误，必须坚持和完善集体决策机制。集体决策机制是集体领导体制中最为关键的机制，其他机制都是为了确保集体决策机制的有效运行和正确的重大战略决策的形成。习近平同志担任党的总书记以来，中央集体决策机制得到进一步创新和完善，中央层面领导机构的组织架构进一步优化，同时坚持完善重大会议决策机制，从而保证了党中央重大决策的高效正确。

（一）优化中央领导机构的组织架构

党的十八大以来，中央领导集体从全面深化改革实际需要出发，增设了新的中央领导小组和议事协调机构。先后增设了中央全面深化改革领导小组（简称中央深改组）、中央网络安全和信息化领导小组、中央军委深化国防和军队改革领导小组（简称中央军委深改领导小组），① 还设立了中央国家安全委员会，② 同时强化了中央财经领导小组的职能。上述机构的设立及其有关职能的强化，旨在加强党中央对重点工作的领导，提高重点领域决策和行政效率，确保改革重点任务得以有力推进。

从表 3–3 中有关小组和专门委员会成员构成情况看，7 位中央政治局常委中，习近平同志作为党中央的核心，身兼至少 4 个小组负责人职务：中央财经领导小组组长；中央全面深化改革领导小组组长；

---

① 3 个领导小组的成立时间依次为 2013 年 12 月 30 日，2014 年 2 月 27 日，2014 年 3 月 15 日。
② 2014 年 1 月 24 日成立。2016 年 11 月，为设立国家监察委员会而开展的试点工作也已经启动。

中央网络安全和信息化领导小组组长；中央军委深化国防和军队改革领导小组组长；此外还担任国家安全委员会主席。在习近平同志领导下，李克强同志、刘云山同志和张高丽同志分别在有关领导小组和国家安全委员会担任职务，对习近平同志领导有关小组和委员会运作发挥了重要的支持协助作用。其中：李克强担任中央深改组副组长、中央网信领导小组副组长和国家安全委员会副主席；刘云山担任中央财经领导小组组员、中央深改组副组长、中央网信组副组长；张高丽担任中央财经领导小组组员、中央深改组副组长。此外，全国人大常委会委员长张德江还担任国家安全委员会副主席（见表 3－3）。在上述小组及委员会架构下，中央政治局常委会内部协作得到加强，对全面深化改革的领导合力进一步增强。这是十八届中央政治局常委会领导机制的重大变化，有助于相关重大决策的执行落实，保证政策成效。

表 3－3　第十八届中央政治局常委在部分中央领导小组及国家安全委员会任职情况

姓名	中央财经领导小组	中央全面深化改革领导小组	国家安全委员会	中央军委深改领导小组	中央网络安全和信息化领导小组
习近平	组长	组长	主席	组长	组长
李克强	副组长	副组长	副主席		副组长
张德江			副主席		
俞正声					
刘云山	组员	副组长			副组长
王岐山					
张高丽	组员	副组长			

注：中央全面深化改革领导小组与网络安全和信息化领导小组成员系根据有关正式报道整理。

在新形势下，这一变化顺应了全面深化改革的需要。全面深化改革是一项高度复杂的、需要统筹协调的长期系统工程，不仅需要在制度上破旧立新，还需要破除既得利益藩篱，冲破形形色色有碍改革的阻力，客观上需要一个专门的、足够智慧的、决策上更加科学的、领导上更加集中的领导集体。

（二）坚持和完善重大会议决策机制

重大会议决策机制是中共中央集体领导体制成熟定型的最重要标志。其中，最为核心的是党中央"两委"层面的多项会议制度，即中央政治局常委会会议制度、中央政治局会议制度、中央委员会全体会议制度、中央书记处会议制度和中央纪律检查委员会全体会议制度。①在此之外，还有其他会议制度。根据公开报道初步统计，至2016年年末，本届党中央共召开了6次中央全会、47次中央政治局会议和6次中纪委全会，还召开了5次中央经济工作会议、14次中央财经领导小组会议、31次中央全面深化改革领导小组会议；其他重要会议还包括中央外事工作会议、中央城镇化工作会议、中央城市工作会议、中央群团工作会议、党外人士座谈会等。具体来看：

一是坚持了中央委员会全体会议制度和中央纪律检查委员会全体会议制度。党的十八大以来，中共中央已先后召开6次全体会议。全会时间、议题经由中央政治局集体讨论决定，全会主题切合国内国际形势、密切呼应治国理政实际需要，对党中央领导集体顺利交接班、全面深化改革、全面推进依法治国、"十三五"时期发展、全面从严治党等党的重大政治生活与重大决策更加制度化、规范化、程序化发挥了重要作用。十分重要的是，全会决策过程科学民主，重要文件都

---

① 由于中央政治局常委会会议和中央书记处会议相关公开报道较少，因此在本书中未予展开讨论。

会在相当范围内广泛征求意见；① 决策过程公开透明，从十八届三中全会开始，习近平同志坚持亲自就全会审议通过的重要文件作说明，有关方面也坚持以《诞生记》的形式对重要文件起草和中央有关重大决策过程进行公开报道。第十八届中央纪律检查委员会也已先后召开了 6 次全体会议。习近平同志出席了其中的 4 次全体会议并作了重要讲话，体现了党中央对抓好全面从严治党和党风廉洁建设的坚定决心和坚强领导。②

二是强化了中央政治局会议制度。四年来，中共中央共召开 48 次中央政治局会议，其中 2012 年 3 次，2013 年 10 次，2014 年 10 次，2015 年 13 次，2016 年 12 次，基本保持了在每月下旬召开一次中央政治局会议的惯例。

从作用来看，在加强党对其他国家机构领导的过程中，中央政治局会议发挥了十分重要的作用。从 2015 年开始，连续两年 1 月份的中央政治局会议都将听取全国人大常委会、国务院、全国政协、最高人民法院、最高人民检察院党组向中央政治局常委会汇报工作的综合情况报告作为一项重要议程，强化了各国家机构党组向中央政治局及其常委会汇报工作的重要机制，凸显了党组在国家机构运行与治理中的领导作用，同时也通过党组加强了党中央对各国家机构的集体领导。2015 年 5 月，中央政治局会议审议通过了《中国共产党党组工作条例（试行）》，为更好地理顺党与其他组织和机构之间的关系提供了制度遵循，促进了党的领导核心作用的更好发挥。

---

① 作者胡鞍钢为党的十八大代表，先后参加了十八届三中全会、四中全会、五中全会和六中全会文件的征求意见座谈会，均提供了对有关文件的书面修改意见。

② 参见中国共产党新闻网资料库。http://cpc.people.com.cn/n/2012/1115/c106101 – 19592294.html.

从政治议题来看，政治局会议具有重点突出、针对性强的重要特点。首先，会议紧紧抓住治国治党与改革进程中的重大问题进行集体研究、做出重要部署，如审议通过相关重点领域改革方案、研究边疆民族地区稳定与发展、研究经济工作等；其次，会议围绕一个时期党的重点工作进行部署和总结，确保工作成效，如听取关于一年来贯彻执行中央八项规定情况的汇报、总结全党群众路线教育实践活动等；再次，会议针对党内更大范围参与的重大决策提前进行准备，如年末分析当年经济工作情况，为紧随其后召开的中央经济工作会议定下基调；最后，党的自身建设相关议题比重进一步提升，譬如，近两年中央政治局会议主要议题就多涉及党（对其他机构）的领导以及组织建设、党风廉洁建设、统一战线建设等。

三是拓展了重大专项会议制度。重大专项会议着眼于发展和改革重大领域的顶层设计，一个十分显著的标志就是中央政治局 7 位常委全部出席会议。首先，坚持中央经济工作会议制度。作为党中央最重要的经济会议，它被视为"准中央全会"，① 任务是总结当年经济工作成绩，分析研判国际国内经济情况新变化，制定下一年经济工作方针、目标和重大政策；中央领导集体成员为开好这一会议，往往也需要投入相当多的时间深入全国各地调研经济运行情况，研究经济政策。从党的十八大至 2016 年年末，中央经济工作会议共召开 5 次，强调立足稳中求进，推动经济供给侧结构性改革。

---

① 中央经济工作会议的重要性尤其反映了参会人员的构成上。以 2016 年中央经济工作会议为例，中央政治局常委全部出席会议，中共中央政治局委员、中央书记处书记，全国人大常委会有关领导同志，国务委员，最高人民法院院长，最高人民检察院检察长，全国政协有关领导同志以及中央军委委员等出席会议。各省、自治区、直辖市和计划单列市、新疆生产建设兵团党政主要负责同志，中央和国家机关有关部门主要负责同志，中央管理的部分企业和金融机构负责同志，中央军委机关各部门及武警部队负责同志参加会议。新华社北京 2016 年 12 月 16 日电。

其次，召开中央外事工作会议和中央周边外交工作座谈会。2013 年 10 月 25 日，中央召开了新中国历史上的首次周边外交工作座谈会，确定了今后 5 年至 10 年周边外交工作的战略目标、基本方针、总体布局，明确解决了周边外交面临的重大问题的工作思路和实施方案；2014 年 11 月 28 日至 29 日召开的中央外事工作会议，全面分析了国际形势和我国外部环境的变化，明确了新形势下对外工作的指导思想、基本原则、战略目标、主要任务。两次外交领域的重大专项会议，为开创中国特色新型大国外交新局面指明了方向，呈现出本届党中央的外交理念与外交战略格局，反映了本届党中央高度的政治自信和政治智慧。

再次，召开中央城镇化工作会议和中央城市工作会议。2013 年 12 月 12 日至 13 日召开的中央城镇化工作会议是新中国历史上的首次城镇化工作会议，分析了当前我国城镇化发展形势，明确推进城镇化的指导思想、主要目标、基本原则、重点任务，提出了推进城镇化的具体部署和当前城镇化工作的着力点；2015 年 12 月 20 日至 21 日召开的中央城市工作会议则是新中国成立以来首次以中央名义召开的城市工作会议，提出了当前和今后一个时期我国城市工作的指导思想和做好城市工作的出发点、落脚点，还提出了尊重、顺应城市发展规律和"五大统筹"重要理念。

最后，召开中央党的群团工作会议。2015 年 7 月 6 日至 7 日，由党中央召开的党的群团工作会议，在党的历史上还是第一次。会议明确了加强和改进新形势下党的群团工作的根本方向和着力解决脱离群众问题的工作重点，强调要切实保持和增强党的群团工作的政治性、先进性和群众性，强化了各级党委对群团工作的领导责任。紧接本次会议印发的《中共中央关于加强和改进党的群团工作的意见》作为党中央关于新时期党的群团工作的重大决策，掀开了党的群团工作新的篇章。

此外，延续至今的专项会议还包括中央扶贫开发工作会议、中央农村工作会议、中央政法工作会议、中央民族工作会议等。中央政治局 7 位常委还共同出席了全国科技创新大会、哲学社会科学工作座谈会、全国卫生与健康大会等，以及有部分中央政治局常委参加的第二次中央新疆工作座谈会、第六次中央西藏工作座谈会等，对党的重大工作取得进展发挥了重要的推动作用。

四是拓展了领导小组会议制度。充分发挥各有关领导小组和议事协调机构作用，[①] 是党中央、国务院统筹推进有关领域工作的重要举措。

据初步统计，中共中央现设有各类领导小组 20 余个。其中，中央财经领导小组一直是中共中央政治局领导经济工作的议事协调机构和中国经济工作的核心领导与决策部门；中央财经领导小组会议也是我国最重要的经济决策机制之一。据公开报道初步统计，至 2016 年年底，本届党中央已召开 14 次中央财经领导小组会议，其中 2012 年 11 月至 2014 年 3 月期间的前 5 次会议未作公开或正式报道，[②] 从第六至第八次会议主要内容分别为研究我国能源战略，推动能源生产和消

---

① 根据中央编办对"议事协调机构"做出的解释，它是指为了完成某项特殊性或临时性任务而设立的跨部门的协调机构，见中国机构编制网链接 http：//www. scopsr. gov. cn/zlzx/bzcs/201203/t20120326_ 55619. html。但该词条仅就国务院议事协调机构做了进一步说明，而未提及中共中央方面的类似信息。有研究者从归口领导体制的支持性机制和中共中央常设组织体系之外的备用性机制两个方面去理解中央领导小组的功能定位（周望：《"领导小组"如何领导？——对"中央领导小组"的一项整体性分析》，《理论与改革》，2015 年 1 月），但显然，中央领导小组的职能与国务院归口的议事协调机构是有区别的，前者不仅有议事协调功能，而且更加强调在专门领域或专项工作中的领导与决策作用。因此，本书采取了将中央领导小组与议事协调机构分开来表述的处理方式。

② 参见大公网北京 2014 年 6 月 13 日电，http：//news. takungpao. com/mainland/focus/2014－06/2536925. html。

费革命；研究实施创新驱动发展战略，推动经济发展方式转变；研究丝绸之路经济带和 21 世纪海上丝绸之路规划、发起建立亚洲基础设施投资银行和设立丝路基金；第九次会议在 2015 年 2 月 10 日召开，重点关注新型城镇化规划等重大事项贯彻落实情况；第十次会议部署脱贫攻坚战；第十一至第十三次会议均将供给侧结构性改革作为核心议题加以研究和落实。从会议主题来看，均为经济领域关涉全局、意义重大、影响深远的重点工作。

党的十八大以来，中央领导小组机制进一步拓展。以中央深改组为例，根据十八届三中全会公报，中央深改组负责改革总体设计、统筹协调、整体推进、督促落实；深改组会议制度也是本届党中央为有效推进全面深化改革各项工作而进行的重大制度创新。自 2013 年 12 月 30 日成立以来，中央深改组共召开 29 次会议；改革实践也体现了"准""变""实""严"的特点。从深改组会议内容来看，2014 年深改组的阶段性重点任务是"改革总体设计"。据初步统计，深改组会议审议或审议通过的规则性文件和改革实施方案共计 36个，其中涉及法治建设的方案最多，共 8 个；其次是全面深化改革总体部署与深改组工作相关文件，共 7 个。2015 年全年和 2016 年 1 月至 10 月，中央深改组会议审议或审议通过的规则性文件和改革实施方案分别多达 40 个和 80 个，反映出全面深化改革进程的加速态势；有关文件所涉及的领域更多更细，反映出全面深化改革工作从整体、宏观层面向具体、微观层面延伸。诚如习近平同志在中央深改组第二十七次会议（2016 年 8 月 30 日）上讲话所指出的，"当前和今后一个时期，是全面深化改革的施工高峰期，是落实改革任务的攻坚期，抓谋划、抓统筹、抓落实的任务依然艰巨繁重。"

五是坚持党外人士座谈会制度。党外人士座谈会制度，是党中央带头践行协商民主、在重大决策中广集民智、集思广益的生动案例。从 2013 至 2016 年年末共计 10 次党外人士座谈会的情况看：

座谈会充分反映出中国共产党与党外人士肝胆相照的良好政治关系。座谈会议题均为党的重大战略决策，一类是就中共中央全会重大决定（草案）征求党外人士意见和建议，为当年中共中央全会决策做准备；另一类是向党外人士通报当年全国经济工作有关情况，介绍下一年中央关于经济工作的考虑和部署，直接听取他们的意见和建议。仅 2016 年，各民主党派、工商联和无党派人士就提出各类意见和建议达 70 件，为中共中央、国务院决策和施策提供了重要依据。① 座谈会体现出党中央对协商民主的坚强领导。10 次座谈会均由习近平同志亲自主持并发表重要讲话，分工涉及座谈会主题的中央政治局常委也一同出席，参会的中央政治局常委人数保持在 4 至 5 人，也是中央政治局常委会对国内党际政治生活进行集体领导的重要体现。

诚如习近平同志所指出的，各民主党派在帮助中国共产党科学决策、民主决策、依法决策上作出了重要贡献；② 党外人士座谈会制度是中国共产党领导的多党合作和政治协商制度在重大战略决策过程中的具体体现。党外人士参加座谈，是行使法定参政权、参与国家事务的管理和国家方针、政策、法律、法规的制定和执行。党外人士座谈会制度，反映了我国政党制度的强大生命力。

六是建立国家高端智库，注重发挥"外脑"对党中央重大决策的支持作用。2013 年 11 月，党的十八届三中全会通过《关于全面深化改革若干重大问题的决定》，从加强社会主义民主政治制度建设、推

---

① 新华社北京 2016 年 12 月 9 日电。
② 同上。

动协商民主广泛多层制度化发展的高度，提出大力加强中国特色新型智库建设，建立健全决策咨询制度。由此，智库建设成为了推动国家治理体系与治理能力现代化建设的一项重要内容。

2014 年 10 月，习近平总书记在主持召开中央全面深化改革领导小组第六次会议时指出，"治国理政，必须善于集中各方面智慧、凝聚最广泛力量"，要把中国特色新型智库建设"作为一项重大而紧迫的任务切实抓好"，要"形成定位明晰、特色鲜明、规模适度、布局合理的中国特色新型智库体系，重点建设一批具有较大影响和国际影响力的高端智库"。2015 年 1 月，《关于加强中国特色新型智库建设的意见》正式印发，提出构建中国特色新型智库发展新格局，实施国家高端智库建设规划；11 月，包括清华大学国情研究院在内的 25 家国家高端智库建设试点单位正式对外公布，中国特色新型智库建设掀开新篇章。

近年来，国家高端智库把握服务中央决策的中心任务，聚焦党和国家发展的全局性战略性前瞻性问题，发挥各自优势专长，承担了许多重大研究任务，向中央报送了一大批有参考价值的研究成果，其中相当一部分成果还进入了决策，被吸收到有关的文件报告当中。此外，有关国家高端智库负责人或首席专家近年来还应邀参加习近平总书记或李克强总理主持的专家座谈会，围绕党和国家重大决策特别是经济领域决策建言献策，就当前经济形势和经济工作为领导人提供专业化意见与建议；部分专家学者已多次参会。实际上，党的十八大以来，专家学者与总书记、总理面对面研讨经济形势和重大经济政策已经成为一种常态机制，充分体现了党中央对重大决策中通过充分吸收"外脑"智慧降低决策信息不对称性、提高决策科学性有效性的高度重视。诚如习近平总书记在 2014 年 7 月主持召开经济形势专家座谈会时所指出的，"今天的经济形势专家座谈会，就是落实这个决策部署的重要体现。"①

五、小结

党的十八大以来，党中央集体领导体制"五大机制"呈现出一系列重要的新特点。集体交接班机制方面，中央政治局常委会规模由9人调整至7人。集体分工协作机制方面，中央政治局常委不再兼任国家副主席和中共中央政法委书记两职，组织工作与宣传意识形态这两大方面的党务工作改由同一常委承担。集体学习机制方面，中央政治局集体学习主题更强调问题导向，更具历史纵深，更具全球视野。集体调研机制方面，国内调查研究对重大决策的酝酿支撑作用进一步凸显。集体决策机制方面，中央领导机构组织架构得到优化，增设了新的中央领导小组和议事协调机构，中央政治局常委会内部协作增强，会议决策制度更加完善，决策过程更加开放透明；以国家高端智库为代表的"外脑"在中央重大决策过程中发挥更加积极的作用。

"法与时转则治，治与世宜则有功。"良好的基本制度框架是基础，在此基础上还需要不断改革，即根据形势变化、任务变化进行必要的制度调适、制度创新，不断激发制度新的生机与活力。中华文明绵延5000年，中国是十分古老的世界文明大国；中华人民共和国成立仅60余年，又使得中国是十分年轻的现代国家。中国共产党比世界上其他大国的主要政党具有更高的改革自觉性，这也是中国制度能够始终顺应发展需要而避免僵化和老化的根本原因。

---

① "这个决策部署"，即是指"党的十八大和十八届三中全会要求加强中国特色新型智库建设，建立健全决策咨询制度"。新华网北京2014年7月8日电。

第4章

强化集体外事机制

　　党中央集体外事机制，本质上是领导人带头"走出去""请进来"，主动把握国内国际两个大局，积极营造更加有利于我国发展的国际环境（即"天时""地利"），有力促进中国与世界开放发展、共赢发展。改革开放之初，邓小平带动中共中央领导人纷纷出访、向世界学习，① 初步形成新时期中央集体外事机制。

　　改革开放近40年来，中国的国际地位不断提高，中国与世界的关系发生了深刻的变化，党和国家领导人对走向世界的意义的认识也在不断拓展深化。在中国的综合国力和世界影响力还相对有限的情况下，党和国家领导人通过出国访问可以更好地了解世情，感知世界发展的真实脉搏，通过参加国际多边会议把握国际事务的游戏规则，提高中国参与国际事务的能力。有鉴于此，我们在早前的研究中，将中央领导集体成员出国访问和参加国际多边会议纳入到集体调研机制中加以讨论。②

---

　　① 胡鞍钢. 邓小平时代——中国改革开放（之一）. 来源于观察者网，2014 - 08 - 15. http：// www. guancha. cn/ hu - an - gang/2014_ 08_ 15_ 256611. shtml.

　　② 胡鞍钢. 中国集体领导体制［M］. 北京：中国人民大学出版社，2013：120 - 122.

随着中国经济实力、科技实力、综合国力和国际影响力的快速提升，中国不仅成为全球开放经济和国际公共事务领域的重要参与者，而且已经进入世界舞台中心，全面参与全球治理，对外阐明中国理念、主动提出中国方案，为世界注入强大的中国力量，引领世界大势，彰显全球领导力。特别是党的十八大以来，以习近平同志为核心的党中央积极主动、顺势而为，提出了"一带一路"建设宏大愿景，开创了中国特色大国外交崭新局面，引领世界迈向共赢主义时代。这表明集体外事机制已成为中央集体领导体制的重要组成，是党的十八大以来集体领导机制创新发展的重点。具体来看，集体外事机制包括出国访问、出席国际多边会议和会见外国来华访问人士3 个方面，既可以更好地了解世情、把握世情，又可以让世界更直接地了解中国。

一、出国访问

根据初步统计，截至 2016 年年末，习近平同志出访了六大洲 50 个国家，第十八届中央政治局常委共出访了六大洲 89 个国家，可谓纵横四海、运筹全局。① 最突出的亮点是，频繁密集的出访成为习近平同志和党中央带领中国进入世界舞台中心、对全球政治经济重大议程施加中国影响的重要方式。

以"一带一路"倡议的提出和落实为例，在中国特色大国外交正式开局的 2013 年，习近平同志在 9 月出访哈萨克斯坦期间提出了"丝绸之路经济带"的合作愿景，10 月出访东盟期间又提出了"21

---

① 胡鞍钢，杨竺松. 纵横四海筹全局 大国外交展新篇——2013 年中国特色大国外交评析 [J]. 国情报告，2013（1）. 此后，作者又对其中的数据作了补充。

世纪海上丝绸之路"战略构想，正式向世界宣告了"一带一路"这一重塑世界经济地理的重大创意。当年，习近平同志共出访了四大洲 14 个国家，中央政治局七位常委共出访了四大洲 32 个国家，为"一带一路"倡议的提出进行预热。在此之后，为同"一带一路"沿线国家就"一带一路"构想积极交换意见、对接需求、促成合作，2014 年更是成为习近平同志和本届中央政治局常委会出国访问的高峰年，习近平同志全年共出访五大洲 18 个国家，中央政治局 7 位常委全年共出访六大洲 46 个国家，创下了过去 4 年间出访国家数目的最高纪录。

正是基于 2013 年和 2014 年习近平同志率中央政治局常委会频频"走出去"、与世界进行的充分沟通和准备，在习近平同志提出"一带一路"倡议一年半之后，有关部门于 2015 年 3 月正式公布了《推动共建丝绸之路经济带和 21 世纪海上丝绸之路的愿景与行动》，十分及时地为"一带一路"建设提供了行动方案和路线图，非常高效地落实了党中央的重大战略设想。在此之后的 2015 年和 2016 年，习近平同志分别出访了四大洲 13 个国家和五大洲 14 个国家；中央政治局七位常委则分别出访了五大洲 34 个国家和五大洲 38 个国家，出访的重点也更多地转移到宣传中国全球治理主张和推动"一带一路"相关规划和项目的落地。

此外，中央政治局委员出访也是本届中央领导集体外事机制的重要组成部分。除了王沪宁、栗战书等同志直接陪同习近平总书记出访外，还有多位担任了省级地方党委主要负责人职务的中央政治局委员如郭金龙、胡春华、韩正等同志，也多次出访。这不仅强化了有关省份与世界的经济和文化联系，同时也是对中央政治局常委集体出访的重要补充，更为重要的是，这使得中央领导集体成员的治国理政能力集体得到拓展，在通过领导地方经济、政治、社会、文化、生态文明建设积累主持内政经验和能力的同时，更多地参与到全球治理中去，更好地认识世情、历练外事工作能力。

二、出席重要国际多边会议

根据公开报道初步统计，从 2013 年至 2016 年年底，习近平总书记共参加 24 次国际多边会议，[①] 7 位中央政治局常委同期共参加 67 次国际多边会议，[②] 创下历史新纪录，充分显示了中国进入世界舞台中心，全面参与全球治理，积极发挥重要领导作用。

在世界重要会议上，中国领导人可谓"无所不在"，积极提出了一系列具有重大意义的"中国方案""中国倡议"。2014 年 11 月，中国成功主办亚太经合组织（APEC）第二十二次领导人非正式会议，发挥了引领作用，取得了八大成果[③]，广泛宣示了中国内外政策，赢得了更多国际理解和支持。会议期间，习近平主席与奥巴马总统正式签署的《中美气候变化联合声明》，宣布了两国在 2020 年后应对气候变化行动的决心，宣告了两国积极推动 2015 年联合国巴黎气候变化大会《巴黎协定》的承诺，对促成 2016 年 11 月《巴黎协定》正式生效起到重要的推动作用。2015 年 9 月，习近平主席参加联合国峰会，阐述以公平、开放、全面、创新为核心的发展理念，提出增强各国发展能力、改善国际发展环境、优化发展伙伴关系、健全发展协调机制

---

① 在 2013—2016 年的 4 年间保持增加，依次为 4 次、6 次、6 次和 8 次。
② 在 2013—2016 年的 4 年间逐年增加，依次为 10 次、14 次、19 次和 24 次。
③ 外交部长王毅："北京 APEC 会议取得了八大成果"，人民网，2014 年 11 月 13 日。这八大成果是：明确了未来亚太合作的方向与目标；做出了启动亚太自贸区进程的重大决定；勾画了建设亚太互联互通网络的新蓝图；找到了支撑亚太经济发展的五大新支柱；开辟了一系列全球性问题的合作新领域；举办了亚太经合组织东道主伙伴对话会；促进了中国与亚太主要国家双边关系的新发展；广泛宣示中国内外政策，赢得更多国际理解和支持。

的四点政策主张，通过 2015 年后发展议程，吸收了大量中国理念、主张和方案。① 2016 年 7 月，联合国秘书长潘基文评价道：中国对联合国事业作出了重要贡献，感谢习近平主席去年出席联合国成立 70 周年系列峰会期间所作承诺及中方具体落实举措；中方在维和、可持续发展、应对气候变化、抗击流行性疾病等各领域发挥了领导作用。② 2016 年 9 月，习近平主席出席中国主办的 G20 领导人杭州峰会，这是新中国成立以来我国主办的层级最高、影响最深远的多边峰会，③ 峰会以"构建创新、活力、联动、包容的世界经济"为主题，发表了具有里程碑意义的领导人公报，核准了《二十国集团创新增长蓝图》等多份含金量十足的文件，④ 对世界和中国有着非凡的意义。

三、会见外国来华访问人士

根据公开报道初步统计，截至 2016 年年末，习近平同志共会见了 115 个国家的来华访问人士，7 位中央政治局常委共会见了 148 个国家的来华访问人士，占全球 231 个国家和地区总数的 49.8% 和

---

① "奏响和平发展、合作共赢的时代最强音——外交部部长王毅谈习近平主席对美国进行国事访问并出席联合国成立 70 周年系列峰会"，新华网纽约 2015 年 9 月 28 日电。

② "潘基文积极评价中国对联合国事业作出的重要贡献"，中国经济网纽约联合国总部 2016 年 7 月 9 日讯。

③ 王毅："为世界经济治理提供中国方案"，《人民日报》，2016 年 9 月 20 日 07 版。

④ 峰会取得的重要成果还包括：（1）制定了《二十国集团全球贸易增长战略》，特别是首次制定出《二十国集团全球投资指导原则》，填补了长期以来全球多边投资规则框架的空白。（2）达成了《二十国集团深化结构性改革议程》，提出了一套指标体系组成的量化框架以监测和评估各方进展。（3）达成了《二十国集团落实 2030 年可持续发展议程行动计划》，将 G20 集体行动与联合国可持续发展议程有力衔接起来。（4）发起《全球基础设施互联互通联盟倡议》，在能源合作、绿色金融、提高能效等诸多领域制订了行动计划。（根据新华网专题报道整理：http://news. xinhua-net. com/world/2016 - 09/06/c_ 129271877. htm.）（5）通过了《二十国集团反腐败追逃追赃高级原则》《二十国集团 2017—2018 年反腐败行动计划》，确立"零容忍、零障碍、零漏洞"国际合作三原则，在华设立反腐败追逃追赃研究中心。（王岐山在中国共产党第十八届中央纪律检查委员会第七次全体会议上的工作报告，新华社 2017 年 1 月 19 日电。）

64.1%。受到接见的来华访问人士中，不仅包括有关国家元首及在任领导层成员，还包括已卸任的国家领导人、在任地方行政负责人、重要政党领袖、宗教领袖、跨国公司领导人等人士；会见的契机既包括来华进行专门的国事访问或正式访问，也有来华出席国际组织或多边会议。此外，习近平同志还与中央政治局其他常委一道，与来自数十个国际组织的负责人或领导层成员进行了会见。

研究发现，中央政治局常委集体参与会见来访外国人士，既有利于充分深入交流各方面工作、增进双边了解，又有利于扩大国际友好交往成果、促进双边合作。例如，2016年6月下旬俄罗斯总统普京来华访问，同至少4位中央政治局常委见面交流。25日，习近平同志、李克强同志、张德江同志先后会见普京总统，就坚定不移致力于深化中俄全面战略协作伙伴关系、推进各领域务实合作与促进地方和民间友好往来、加强双边立法机关交流合作等深入交换意见；张高丽同志还陪同习近平总书记参加了会见。又如，在处理中美关系方面，2016年全年，习近平同志就与美国国务卿克里、美国总统国家安全事务助理赖斯、财政部长雅各布·卢等多位政要，以及前国务卿基辛格、前财长保尔森、迪士尼公司总裁等人见面；李克强同志则与哥伦比亚大学校长、财政部长雅各布·卢、18名美国国会参众议员组成的访华团、美国前财长保尔森等见面；张高丽同志与美国总统顾问迪斯、能源部长莫尼兹及苹果公司首席执行官等人见面。这就使得中国对美交往在不同领域、不同层面上得到推进，既面向政治舞台上的执政团队，又面向具有重要政治影响力的其他人士，还面向高技术、文化等重点领域的产业界代表，充分体现中国对中美关系的高度重视，特别是在避免中美冲突对抗、建立互相尊重和合作共赢的中美关系方面的努力。[1]

中央政治局常委会见外国来华访问人士，一方面与有关国家和国际组织形成了互访形式的交往，极大地密切了中国与世界的关系；另一方面，中国敞开大门欢迎世界走进中国，向世界最直接地展示中国的发展成就，不仅显示出新兴超级大国的自信与胸怀，更是对中国制度、中国道路最有说服力的宣传。

特别需要指出的是，习近平主席主动与美国总统奥巴马、俄罗斯总统普京、德国总理默克尔等增进领导人个人间交流、建立友谊关系，深入交换双方观点立场，充分分享治国理政经验（见专栏4-1），对建立包括中美、中俄、中德关系在内的新型大国关系，以及中国与东盟、欧盟、非盟等重要地区性国际组织的关系起到了重要的促进作用。

专栏 4 -1

习近平与奥巴马：庄园会晤与瀛台夜话

2013 年 6 月 7 日至 8 日，习近平同奥巴马在加州安纳伯格庄园举行会晤。这是两人作为中美两国元首的第一次面对面接触和交流，也是中美高层交往的一个创举。

习近平在会晤时向奥巴马表示，中美关系"不仅是我们两国人民关注的事，也是国际社会关注的事。我们双方应该从两国人民根本利益出发，从人类发展进步着眼，创新思维，积极行动，共同推动构建

---

[1] 《跨越太平洋的合作——国务委员杨洁篪谈习近平主席与奥巴马总统安纳伯格庄园会晤成果》，新华网美国印第安韦尔斯 2013 年 6 月 8 日电。杨洁篪在回答记者提问时说，关于中美新型大国关系的内涵，习主席在会晤中用三句话作了精辟概括：一是不冲突、不对抗，二是互相尊重，三是合作共赢。

新型大国关系";期待"就双方共同关心的重大战略性问题进行广泛深入沟通,加深相互了解,促进全面合作"。习近平表示,"新形势下,中美关系要进取、要发展;中美合作要开拓、要创新;中美两国要互尊、要包容。中美双方要始终从战略高度和长远角度出发,牢牢把握中美关系正确方向,一步一个脚印走出一条新型大国关系之路。"奥巴马也表示,"美中关系对两国、对亚太乃至世界都很重要。美国欢迎中国作为一个大国继续和平发展。一个和平稳定繁荣的中国对美国、对世界都有利"。奥巴马也向习近平表示,美国希望与中国构建新型大国关系。

2014 年,应习近平邀请,奥巴马于 11 月 10 日至 12 日来华出席亚太经合组织领导人非正式会议并对中国进行国事访问。11 日晚,两国元首在中南海瀛台共话新型大国关系。

当晚的交流中,习近平不仅就双边关系,还就治国理政的一些根本性问题与奥巴马进行了深入坦诚的交流,广泛涉及中国经济新常态、中国政治的民主宗旨与民主形式、中国人对国家统一的珍视和对主权的重视等话题。奥巴马表示,夜话交流令他"最全面、深入了解到中国共产党的历史和执政理念以及您(习近平主席)的思想"。他表示,"(我)更加理解中国人民为何珍惜国家统一和稳定。美国支持中国改革开放,……愿意同中方坦诚沟通对话,有效管控分歧,避免误解和误判。……美方欢迎中国在国际事务中发挥建设性作用,愿意同中方加强交流合作,携手应对各种全球性挑战。"

短短一年半时间里,习近平与奥巴马先后进行了庄园会晤和瀛台夜话,对全面增进了解、加深信任,增进尊重、避免战略误判发挥了重要作用,也有力推动中美之间新型大国关系的发展。

资料来源:作者据学习小组、人民网、新华网有关报道整理。

四、小结

党的十八大以来，中央政治局常委会成员集体参与国家外交事务，作为改革开放以来党中央长期坚持的重要工作机制，得到极大强化。在外事工作中，习近平同志作为党的领袖和国家元首，对外代表中国，为中国对外交往和参与国际事务谋篇布局、立题定调，中央政治局及其常委会其他成员根据实际工作需要分工协作，从多方面共同推动党中央外事布局得到落实。这是中国走向世界舞台中心的客观需要，是在中国经济实力、科技实力、国际影响力以及综合国力不断上台阶的背景下的应时之选、顺势而为，其根本原因就在于全球利益在中国国家利益、中华民族利益格局中的重要性越来越大，当今世界已经越来越离不开中国，同时中国的发展也越来越离不开世界。

集体外事机制的凸显，反映出党中央领导集体成员在出访过程中不仅更多更好地"了解世界"、"研究世界"，而且积极参与全球治理、地区治理的重要议程，对世界施加中国影响力，进而"经略世界"乃至"引领世界"，体现了全球治理能力在党的执政能力体系中重要性的提升。不断提高全球治理能力，是中国国家治理体系与治理能力现代化的必然选择。只有兼顾内政与外交、国家治理与全球治理，才能够全面维护和发展中华民族的利益。

第 5 章

强化集体自律机制

中国共产党人一贯重视自律、自警、自省。早在革命战争时期，党的领导人就已经十分注重从保持长期执政地位的高度出发自警自省，决不重蹈历史上农民领袖得胜后骄傲自满、很快人亡政息的覆辙。1944 年，毛泽东在延安高级干部会议上就谈到，在党内印发郭沫若论李自成的文章，其目的"也是叫同志们引为鉴戒，不要重犯胜利时骄傲的错误"。[①] 1949 年 3 月，毛泽东在党的七届二中全会上警告全党防止在糖弹面前打败仗，务必继续保持谦虚、谨慎、不骄不躁的作风，艰苦奋斗的作风。[②]

新中国成立之后，党面临干部特别是高级干部变质的问题。对此，1954 年邓小平在党的七届四中全会讲话，进一步强调党的干部特别是高级干部要力戒骄傲自满情绪，警告"骄傲情绪在党内，主要是在相当一部分高级干部中，正在滋长着，如果不注意克服，就会发

---

① 毛泽东. 给郭沫若的信 [M] //毛泽东. 毛泽东文集：第 3 卷. 北京：人民出版社，1993：注释 228.

② 毛泽东. 在中国共产党第七届中央委员会第二次全体会议上的报告 [M] //毛泽东. 毛泽东选集：第 4 卷. 北京：人民出版社，1991：1438 – 1439.

展到一种可怕的危险的地步"。①

改革开放后，党的这一传统得到延续，在廉洁作风方面的自律成为领导干部特别是高级干部自律的重点。1978 年，邓小平同志就强调，高级干部要带头，要以身作则，"做执行'三要三不要'原则的榜样，做艰苦奋斗的榜样，做实事求是的榜样"；② 1979 年，邓小平同志又专门围绕高级干部要带头发扬党的优良传统作了重要讲话，强调高级干部要带头克服特殊化，带头恢复艰苦朴素和密切联系群众的传统作风。③

但是，从 20 世纪 80 年代初开始，有越来越多包括高级干部在内的领导干部因涉嫌腐败、在廉洁自律方面出现严重问题而受到查处，腐败在党内呈现愈演愈烈之势。特别是从 20 世纪 90 年代起，开始有中央政治局组成人员因涉嫌腐败而受到查处，如陈希同（第十四届中央政治局委员）、陈良宇（第十六届中央政治局委员）等。从党的十八大以来查处的情况看，第十七届中央政治局和中央书记处成员共计 28 人中，就有周永康（第十七届中央政治局常委），徐才厚、郭伯雄、薄熙来（第十七届中央政治局委员）及令计划（第十七届中央书记处书记）等 5 人发生了严重腐败，比例超过 1/6，不仅违反领导干部的廉洁要求、作风要求，而且严重破坏了党的政治纪律、政治规矩，正如中共十八届六中全会审议通过的《关于新形势下党内政治生活的若干准则》所指出的，一个时期以来，"特别是高级干部中极少

---

① 邓小平. 骄傲自满是团结的大敌［M］//邓小平. 邓小平文选：第 1 卷. 北京：人民出版社，1995：202.

② 邓小平. 在全军政治工作会议上的讲话［M］//邓小平. 邓小平文选：第 2 卷. 北京：人民出版社，1993：124.

③ 邓小平. 高级干部要带头发扬党的优良传统［M］//邓小平. 邓小平文选：第 2 卷. 北京：人民出版社，1993：215－230.

数人政治野心膨胀、权欲熏心，搞阳奉阴违、结党营私、团团伙伙、拉帮结派、谋取权位等政治阴谋活动"，在党内和人民群众当中造成十分恶劣的影响，也在国际社会造成了极负面的影响，这是极其沉重的政治代价和极其深刻的政治教训。

党的十八大以来，习近平总书记多次强调包括中央领导层组成人员在内的党的高级干部在各方面要自觉自律、以上率下、模范带头，以党的高级干部的模范性体现党的干部队伍整体的纯洁性，进而体现党的先进性。中央领导集体自律机制日益成为党中央加强党的自身建设的重要支撑，也成为集体领导体制的重要组成部分。

一、中央政治局带头在前

从党中央做起、向党中央看齐，是以习近平同志为核心的党中央落实全面从严治党的最大亮点。2012 年 12 月 4 日召开的中央政治局会议，不仅向全党提出改进工作作风、密切联系群众的"八项规定"，还特别强调抓作风建设"首先要从中央政治局做起，要求别人做到的自己先要做到，要求别人不做的自己坚决不做"。当月下旬，新华社又连续推出本届中央政治局常委会成员的人物特别报道，① 报道内容除涉及各位常委的学习、成长、工作经历外，还向全社会公告了各位常委的家庭信息，正面回应了社会关于中央领导层个人情况更加公开透明的期待，便于全党全社会对中央领导集体成员进行监督，以实际

---

① 这些报道是：《"人民群众是我们力量的源泉"——记中共中央总书记习近平》；《"万事民为先"——记中共中央政治局常委李克强》；《"心里要时刻装着老百姓"——记中共中央政治局常委张德江》；《"多做实事不图虚名"——记中共中央政治局常委俞正声》；《"接地气才能有底气"——记中共中央政治局常委刘云山》；《"求真务实 尽责奉献"——记中共中央政治局常委王岐山》；《"为民、务实、清廉"——记中共中央政治局常委张高丽》，新华社北京 2012 年 12 月 23 日至 25 日电。

行动体现了中央领导集体带头自律的高度自觉性。

2013 年 1 月，习近平总书记出席中纪委十八届二次全会时明确表示，抓作风建设、落实八项规定，"说到的就要做到，承诺的就要兑现，中央政治局同志从我本人做起"。① 6 月下旬，在中央政治局专门会议上，习近平同志又再次强调，"抓改进作风，必须从中央政治局抓起"，并对加强中央政治局自身建设、提高中央政治局工作水平提出了 5 个方面的要求，即不断提高思想政治水平，善于观大势、谋大事，全面贯彻执行民主集中制，发挥模范带头作用，保持同人民群众的血肉联系。同年 7 月，习近平同志在河北调研指导党的群众路线教育实践活动时又指出："在党内，谁有资格犯大错误？我看还是高级干部。高级干部一旦犯错误，造成的危害大，对党的形象和威信损害大。……高级干部必须时刻警醒自己，做到自重自省自警自励。"

2014 年 6 月，习近平总书记在第十八届中央政治局集体学习时讲话指出："营造良好从政环境，要从人抓起，从人做起，也就是要从各级领导干部首先是高级干部做起。"②

2015 年 10 月，习近平总书记在党的十八届五中全会第二次全体会议上讲话指出："中央委员会的同志要在党言党、在党忧党、在党为党，带好头、做好表率。大家要清醒认识高级干部岗位对党和国家的特殊重要性，自觉按党提出的标准要求自己、磨炼自己、提高自己。"③

2015 年 12 月 28 日至 29 日，根据中办上半年印发的《关于在县

---

① 习近平在第十八届中央纪律检查委员会第二次全体会议上的讲话，2013 年 1 月 22 日。
② 习近平在第十八届中央政治局第十六次集体学习时的讲话，2014 年 6 月 30 日。
③ 习近平谈中共的纪律和规矩［N］．人民日报（海外版），2016－01－08（8）．

处级以上领导干部中开展"三严三实"专题教育方案》中有关部署，[①] 中央政治局又召开了专题民主生活会，作为中央政治局参加"三严三实"专题教育的一项重要活动。从会议准备情况看，为开好这次民主生活会，中央政治局在会前充分梳理了"三严三实"专题教育和党的作风建设有关工作，广泛征求了党内外各方关于中央政治局践行"三严三实"、加强自身建设的意见，"中央政治局的同志都在一定范围讲了党课，同有关负责同志谈心谈话，重点围绕维护党中央权威和党的团结、服从和维护大局、遵守政治纪律和组织纪律、秉公用权和廉洁自律等方面进行查摆，撰写了发言材料"。习近平总书记在会上讲话强调，"中央政治局的同志……无论公事私事，都要坚持党性原则，都要加强自我约束，鼓励和欢迎下级和身边工作人员监督，不折不扣执行党的纪律和规矩"，还特别要求中央政治局组成人员"对亲属子女和身边工作人员，要严格教育、严格管理、严格监督，发现问题及时提醒、坚决纠正"。会上，中央政治局同志全部做了发言，按照党中央要求进行对照检查。[②] 这就不仅对各级党组织抓好"三严三实"专题教育工作、开好班子专题民主生活会起到了示范作用，而且更向全党十分明确地宣示党的中央领导层的核心组成人员在自省自律方面的带头作用，在全党范围引导树立正确的廉洁自律观。

2016 年 10 月，习近平总书记在党的十八届六中全会第二次全体会议上再次强调，"无论是推进全面从严治党，还是贯彻准则、条例，

---

① 方案要求，2015 年年底"机关、企事业单位及其内设机构县处级以上党员领导干部年度民主生活会和组织生活会，要以践行'三严三实'为主题进行"。http://dangjian.people.com.cn/n/2015/0420/c117092 - 26870583. html.

② 对照检查践行"三严三实"情况 讨论研究加强党风廉政建设措施 习近平主持中共中央政治局专题民主生活会并发表重要讲话［N］. 人民日报，2015 - 12 - 30（1）.

都要突出抓好领导干部特别是高级干部"；"高级干部要清醒认识自己岗位的特殊重要性，增强自律意识、标杆意识、表率意识，模范遵守党章。……在高级干部中，中央委员会、中央政治局、中央政治局常委会组成人员首当其责。……我们要从党和国家兴旺发达、长治久安的高度来认识建设好中央委员会、中央政治局、中央政治局常委会的重大意义"。

党的十八大以来，党要管党、从严治党，主要负责同志要肩负起主体责任，习近平总书记向全党做出了表率；在习近平总书记带领下，中央领导集体弘扬带头在前、以身作则、以上率下的优良传统，有力带动了全党的廉洁作风建设。

二、强化廉洁法规制度约束

强化廉洁法规制度约束，以明确的政治纪律、组织纪律、廉洁纪律、群众纪律、工作纪律和生活纪律为中央领导集体组成人员严于律己提供了清晰的边界。

截至 2016 年年末，本届党中央在党内制度建设方面已经形成了 2 部准则、20 余部条例以及一系列规则、规定、办法、细则等较完备的党内法规体系。本届中央政治局第二十四次集体学习，就是以加强反腐倡廉法规制度建设为主题，中央政治局组成人员在听取中央纪委宣传部部长肖培的讲解后，就有关问题进行了讨论。习近平总书记在主持学习时强调："铲除不良作风和腐败现象滋生蔓延的土壤，根本上要靠法规制度。"①

---

① 习近平在第十八届中央政治局第二十四次集体学习时的讲话 [N] . 人民日报，2015 - 06 - 28 (1) .

从 2016 年 1 月 1 日起，《中国共产党廉洁自律准则》和《中国共产党纪律处分条例》开始施行。前者是我党执政以来第一部坚持正面倡导、面向全体党员的规范全党廉洁自律工作的重要基础性法规，是对党章规定的具体化，体现了全面从严治党的实践成果，在对全体党员提出廉洁自律规范的基础上，还特别针对党员领导干部提出了比普通党员更多的要求，明确了廉洁自律"道德高线"；而后者重在对党规党纪具体化，开列负面清单，为包括中央领导集体组成人员在内的全体党员干部划设了纪律底线，并且强调了党组织在全面从严治党中的主体责任，使党中央带头强化党要管党不仅仅是体现党的建设的原则和要求，更有党纪条文的实际支撑。

2016 年 10 月，党的十八届六中全会审议通过的《关于新形势下党内政治生活的若干准则》更是十分明确地指出："新形势下加强和规范党内政治生活，重点是各级领导机关和领导干部，关键是高级干部特别是中央委员会、中央政治局、中央政治局常务委员会的组成人员。高级干部特别是中央领导层组成人员必须以身作则，模范遵守党章党规，严守党的政治纪律和政治规矩，坚持不忘初心、继续前进，坚持率先垂范、以上率下，为全党全社会作出示范。"准则还明确提出，要制定高级干部贯彻落实本准则的实施意见。会上，习近平同志在就《关于新形势下党内政治生活的若干准则》和《中国共产党党内监督条例》起草的有关情况作说明时，着重就以"高级干部为重点"作了说明，指出："把（中央领导层组成人员）这部分人抓好了，能够在全党作出表率，很多事情就好办了。"

2016 年 11 月，作为贯彻落实党的十八届六中全会精神的重要举措和对中央八项规定的拓展和深化，中共中央政治局会议还审议通过了规范党和国家领导人有关待遇的文件，按照"保障工作需要、待遇适当从低"的原则，明确要求党和国家领导人退下来要及时腾退办公用房，强调要按规定配备工作人员并加强教育管理、严格约束亲属和身边工作人员。会议重申了全面从严治党必须从领导干部特别是高级干部做起，并特别指出有关规定将从十八届中央政治局率先做起，并分批实施，凸显了党中央坚持以身作则、率先垂范，对全党具有重要示范和带动作用。[①]

三、小结

"子帅以正，孰敢不正?"2014 年 1 月，习近平总书记在出席中纪委十八届三次全会时用这句话表达了从严治党从党的中央领导层抓起的必要性和有效性。对党的十八大以来反腐形势出现的变化，有外媒报道称，"最好的反腐机构、最精干的人员、最好的资金支持以及最新的技术配备，都取代不了来自最高层的政治决心。"[②] 这反映了党的十八大以来党风廉洁建设取得成绩的关键因素之所在。

党的十八大以来，党中央已经形成了核心负责、集体行动、制度约束的集体自律机制，即总书记担负主体责任、发挥带头作用，中央政治局及其常委会廉洁自律、示范全党，大力完善党内法规体系，严格遵守党的纪律。

早在 2003 年 1 月党的十六大召开后不久，笔者应中纪委邀请参加在京专家座谈会时就提出，"防治腐败是新一代领导人当务之急的

---

① 新华社：《中共中央政治局召开会议　审议规范党和国家领导人有关待遇等文件和〈中国共产党工作机关条例（试行）〉〈关于县以上党和国家机关党员领导干部民主生活会的若干规定〉中共中央总书记习近平主持会议》，新华社北京 2016 年 11 月 30 日电。

② 《为何中国看上去正在赢得反腐斗争》，载 2015 年 3 月 10 日马来西亚《新海峡时报》。《外国政要和媒体如何评价习近平反腐?》，来源于中国共产党新闻网，http://cpc. people. com. cn/xuexi/n1/2016/0202/c385474 - 28104625. html.

重大政治任务"，认为党中央和国务院领导同志应"带头清正廉洁、深入实际，加强同人民群众的联系，使巡视和调查制度化和公开化"，并建议禁止在任及已退休的党和国家领导人子女直接或间接"从事流通领域的经营活动"。① 这些建议，已经在以习近平同志为核心的党中央党风廉洁建设的实际工作中得到体现。② 党中央集体自律机制的形成，以及由此带来的政治生态净化和腐败蔓延势头受到遏制，其意义不仅在于回应人民对政治清明的诉求，更重要的是，它促进了党和国家制度体系的现代化，进而对国家治理体系与治理能力的现代化产生了深远影响。

---

① 胡鞍钢，王绍光，周建明. 第二次转型：国家制度建设［M］. 增订版. 北京：清华大学出版社，2009：315 – 329.

② 中央全面深化改革领导小组第二十三次会议审议通过了北京市、广东省、重庆市、新疆维吾尔自治区关于进一步规范领导干部配偶、子女及其配偶经商办企业行为的规定（试行）。会议指出，规范领导干部配偶、子女及其配偶经商办企业行为，是贯彻全面从严治党要求的一个重要举措。会议决定在上海先行开展试点的基础上，继续在北京、广东、重庆、新疆开展试点。新华社北京 2016 年 4 月 18 日电。

| 第6章 |

坚持和发展集体领导体制

中国是伟大的国家，正处在伟大的时代，必然产生伟大的历史性人物，产生杰出的领袖，成就伟大的事业。当今中国的伟大事业，就是按照"四个全面"和全面参与全球治理战略布局、"五位一体"和国防与军队建设总体布局，推进社会主义现代化建设。

中国正在稳健迈向"两个一百年"目标，中国的社会主义现代化建设事业正在取得成功，不仅在改革开放以来的三十余年中实现了持续的高速增长，而且妥善应对了后金融危机时代复杂内外部环境的挑战，继续保持了稳定的中高速增长，综合国力持续迈上新台阶。

经济稳健增长、综合国力持续提升的关键，在于党中央重大决策的成功；党中央决策成功的关键，在于中国政治制度的成功，特别是党中央集体领导体制的成功。本章以党的十八大以来以习近平同志为核心的党中央治国理政的一系列重大成就为依据，总结以集体领导体制为代表的中国政治制度优势，并做出客观评价。

一、四年来党中央治国理政成就

我们将四年来党中央治国理政的重大成就归纳为几个方面，即：全面从严治党，凝聚党魂，铭记初心；全面改革强军，引领人民军队坚定不移走中国特色强军之路；进一步提高我国人类发展水平，持续创造人类发展奇迹；开拓发展空间，经略海洋强国；从"三个自信"到"四个自信"，厚植民族自尊自强信念；引领全球治理，重塑世界格局。

第一，全面从严治党，凝聚党魂，铭记初心。党要管党，从严治党。全面从严治党，是以习近平同志为核心的党中央治国理政最鲜明的特征。党的十八大以来，以习近平同志为核心的党中央坚定推进全面从严治党，为开创党和国家事业新局面提供了重要保证，体现了执政党的责任担当，体现了共产党人执政为民的情怀，体现了人民利益至上的价值追求。

首先是以作风建设和反腐败为着力点。以习近平同志为核心的党中央从党的存亡高度深刻认识党情，铁腕反腐，着力解决管党治党失之于宽、失之于松、失之于软的问题，党内政治生态有效净化，腐败蔓延势头得到有效遏制，反腐败斗争正在取得压倒性胜利。2012 年12 月，中央政治局全体会议明确提出首先从中央政治局做起，抓作风建设，并审议通过了关于改进工作作风、密切联系群众的八项规定。群众路线教育实践活动、反"四风"、领导干部"三严三实"专题教育和全体党员"两学一做"学习教育，有力推动了全面从严治党从中央向基层深入。将反腐败斗争推向深入，坚持"打虎""拍蝇""猎狐"三手硬，"无禁区、全覆盖、零容忍"惩治腐败。查处了周永康、徐才厚、郭伯雄、苏荣、令计划等一批腐败大案，党的十八大以来至 2016 年年末，共立案审查中管干部 240 人，处分 223 人，移送司法机关 105 人；[①] 从 2013 年至 2016 年年末，全国各级纪检监察

---

① 王岐山：《推动全面从严治党向纵深发展 以优异成绩迎接党的十九大召开——在中国共产党第十八届中央纪律检查委员会第七次全体会议上的工作报告》，2017 年 1 月 6 日，新华社北京2017 年 1 月 19 日电。

机关共立案 114.1 万件，对 116.5 万名违纪党员干部给予了党纪政纪处分，创下了历史纪录；① 巡视"利剑"作用充分发挥，中央巡视组已开展 11 轮巡视，实现了对省区市、中管国有重要骨干企业、中管金融单位巡视全覆盖，对中央部门基本全覆盖。

其次是以干部队伍建设提供组织保障。党的十八大以来，习近平同志提出了好干部的二十字标准，明确了选人用人的正确导向。党中央严把选人用人关，制定出台了新的《党政领导干部选拔任用工作条例》，完善民主推荐、民主测评和竞争性选拔制度，改进政绩考核、干部考察，推进干部能上能下，着力破解"四唯"和干部带病提拔等突出问题。从严加强基层党组织和党员队伍建设，落实基层党建工作责任制，不断夯实党的执政基础。

再次是以制度建设巩固全面从严治党成效。党的十八大以来，党中央从严加强制度建设，全方位扎紧制度的笼子，陆续出台或修订了党内法规 50 多部，涉及巡视工作、廉洁自律、纪律处分、问责等方面，健全了党内法规制度体系。党的十八届六中全会着眼于解决新形势下党内突出问题，进行了重要顶层设计，审议通过了《新形势下党内政治生活若干准则》和《中国共产党党内监督条例》，在马克思主义建党理论和实践基础上又有了重大创新发展。

第二，全面改革强军，引领人民军队坚定不移走中国特色强军之路。中国军力指数迈上大台阶，与美国的相对差距不断缩小。一是推动军事体制改革，厉行军队反腐。国防和军队改革迈出重大步伐，全面实施改革强军战略，制订深化国防和军队改革方案，启动了新一轮大规模国防和军队改革。紧紧围绕深入推进依法治军、从严治军，抓

---

① 数据系作者根据第十八届中纪委三次、五次、六次和七次全会公报数据统计整理得出。

住治权这个关键，初步构建起严密的权力运行制约和监督体系；截至2016 年年末，查处少将级及以上军队高级干部 50 余人，特别是查处了徐才厚、郭伯雄等人，极大地整肃了军队风气。全面停止军队有偿服务。精简机关和非战斗机构人员，全面提升军队核心战斗能力。

二是不断增加国防投入，缩小与美国的相对差距。2012 年以来，我国军费开支占 GDP 比重保持稳步增长。中国国防支出（购买力平价，2011 年国际美元）占世界总量比重不断提高，从 2010 年的 10.62% 提高至 2015 年的 14.83%。同期美国由于其 GDP 占世界总量比重和美国国防支出占 GDP 比重"双下降"，国防支出占世界总量比重也持续下降，从 2010 年的 31.33% 降至 2015 年的 22.90%。[①] 美国与中国国防支出的相对差距从 2010 年的 2.95 倍缩小至 2015 年的 1.78 倍。

第三，进一步提高我国人类发展水平，持续创造人类发展奇迹。四年来，中国人类发展水平再上新台阶，继 2010 年中国人类发展指数（HDI）达到 0.700、进入高人类发展组（HDI ≥ 0.70）之后，2015 年中国 HDI 又进一步提高至 0.738，已经接近高人类发展组的平均数，在参与统计的 188 个国家和地区中排名第 90 位。

一是进一步提高民生保障质量。2015 年，我国人口平均预期寿命已提高至 76.34 岁，不仅实现了在较高健康水平条件下仍保持较快提升，而且已经高于世界高人类发展组的平均水平（75.5 岁）；劳动年龄人口平均受教育年限已提高至 10.23 年。居民收入差距进一步缩小，城乡居民收入差距继续下降。[②]

---

① 计算数据来源：世界银行数据库。

② 国家统计局数据显示，2015 年中国基尼系数已降至 0.462，是 2008 年以来的最低值；城镇居民人均收入相对于农村人均可支配收入的倍数从 2009 年的高峰（3.33 倍）持续下降至 2015 年的 2.73 倍。

二是继续创造世界减贫奇迹。我国农村贫困人口从 2012 年年底的 12238 万人减少至 2016 年的 4335 万人，[①] 平均每年实现 1976 万人脱贫。2015 年，习近平主席还在减贫与发展高层论坛郑重承诺，到 2020 年中国将实现现有标准下 7000 多万贫困人口全部脱贫，并宣布了"打赢脱贫攻坚战"的行动计划，提出了一系列精准扶贫措施。[②]

第四，开拓发展空间，经略海洋强国。以习近平同志为核心的党中央首次提出建设海洋强国国家战略，既立足现实、又计议长远，使中国海权在一系列重要的实质性行动中得到了前所未有的强化。一是捍卫国家海洋权益，重塑周边海洋秩序。正式设立三沙市。重新组建国家海洋局，以中国海警局名义开展海上维权执法，大大推进我国海上统一执法。正式划设东海防空识别区，有力捍卫国家主权和领海领空安全，实现中国海空战略重大突破。在南海开展了规模空前的填海造岛行动，极大扭转了南海地区战略格局，宣示和捍卫了中国南海主权。海军装备建设掀起空前高潮，包括航母在内的大批新型主战舰艇入役，海军装备现代化水平、海军训练水平和作战能力极大提升。

二是建设海洋经济强国，积极参与海洋治理。国家"十三五"规划首次在国家五年规划中专设一章"拓展蓝色经济空间"，对发展海洋经济进行顶层设计。以"21 世纪海上丝绸之路"沿线国家为重点，积极加强海洋领域国际多双边合作。深入参与国际涉海组织的海洋事务。[③]

---

① 国家统计局. 中国统计摘要 2016［M］. 北京：中国统计出版社，2017：7.

② 来源于人民网，2015 年 10 月 16 日.

③ 如 2013 年 5 月北极理事会（Arctic Council）部长级会议上，8 个成员国（挪威、瑞典、丹麦、冰岛、芬兰、加拿大、美国和俄罗斯）一致同意中国等国加入北极理事会，成为正式观察员，也为未来中国全面参与北极治理（包括极地科学考察、航道、生态保护等），打造"一带一路"的升级版即"一带一路一圈（北极圈）"打下重要基础。

第五，从"三个自信"到"四个自信"，厚植民族自尊自强信念。首先，习近平同志带头引领文化自信，强壮民族自信之根。习近平同志在 2016 年 5 月 17 日哲学社会科学工作座谈会上讲话指出，"坚定中国特色社会主义道路自信、理论自信、制度自信，说到底是要坚定文化自信，文化自信是更基本、更深沉、更持久的力量"；在庆祝中国共产党成立 95 周年大会讲话中又明确提出，"全党要坚定道路自信、理论自信、制度自信、文化自信"。习近平同志还带头引领文化自信，在历次讲话中大量引用了中国古代诗词谚语中的精彩语句，从中国传统文化和古代治国理政思想沃土中汲取丰富养分，为全党全国人民认识和理解习近平同志的一系列重要思想理念和精神提供了重要启发。

其次，党和国家重大政治生活更加开放，体现更高的政治自信。2016 年，参加全国"两会"报道的外国记者规模创了两会报道史上的新纪录；[1] 10 月底，党的十八届六中全会文件起草组成员及有关专家学者就六中全会的历史意义、主题选取、文件起草过程等问题，与来自 17 个国家和欧盟驻华代表团的数十位记者和驻华使馆外交官进行了深入交流，[2] 让"中国声音"通过全球媒体传遍世界，让世界看到一个真实、开放和自信的中国。

再次，向世界展示中国捍卫和平的坚定决心和强大力量。2015 年，中国人民抗日战争暨世界反法西斯战争胜利 70 周年纪念大会上，习近平总书记向世界做出了中国军队裁军 30 万的庄严承诺，发出了"正义必胜！和平必胜！人民必胜！"的时代强音；阅兵式上，数十位外

---

[1] 2016 年 3 月，参加全国"两会"报道的外国记者规模达到 1000 余人，来自 65 个国家和地区的 234 家媒体，是"两会"报道史上规模最大的一年。《人民日报》，2016 年 3 月 16 日，03 版。
[2] 中国记协网：《新闻茶座 | 解读六中全会：党中央走出成功治党新路》，2016 年 11 月 2 日。

国领导人亲临现场，多国方队、代表队和军队观摩团参与其盛，大壮中华国威军威，极大鼓舞了全国人民的爱国热情。

第六，引领全球治理，重塑世界格局。首先，中国经济实力再上大台阶。在后金融危机时代背景下，中国经济仍保持持续较快发展，2013 年中国经济总量历史性地超越美国成为世界第一；① 到 2016 年，就已经提前实现党的十六大提出的国内生产总值到 2020 年比 2000 年翻两番的目标。

其次，中国走进世界舞台中心。在美国主导的全球政治经济旧体系出现越来越多失灵的同时，中国打出了全面参与全球治理的"组合拳"，"一带一路"建设开局大好，人民币正式纳入国际货币基金组织（IMF）特别提款权（SDR）货币篮子，杭州 G20 峰会成功举办，应对气候变化全球行动方案顺利促成，对外援助规模进一步扩大，在世界范围内影响战略资源配置与游戏规则制定的能力明显提升，中国已经成为世界领导者和国际政治议程的重要推动者。

再次，"一带一路"建设进度和成果超过预期。从 2013 年至 2015 年，习近平主席"一带一路"倡议的构想迅速转化为国家战略规划，形成了清晰的行动路线图。"一带一路"倡议实施全面铺开，对欧亚板块地缘政治经济格局影响初显，"一带一路"沿线国家投资流量占中国对外直接投资流量比重提高。② 以亚投行、丝路基金为代表的金融合作不断深入，一批有影响力的标志性项目逐步落地。

---

① 根据世界银行数据，2013 年中国 GDP 达到 16.78 万亿（购买力平价口径，2011 年不变价国际元），是美国的 1.01 倍（美国为 16.69 万亿）。

② 从 2014 年到 2016 年年末，已经有 100 多个国家和国际组织参与到"一带一路"建设中，中国与 30 多个沿线国家签署了共建"一带一路"合作协议、同 20 多个国家开展国际产能合作。2014 年中国对"一带一路"沿线国家直接投资流量达 136.6 亿美元，占当年中国对外直接投资流量的 11.1%；2015 年上述数字分别增至 189.3 亿美元和 13%。数据来源：2014 年、2015 年中国对外直接投资统计公报。

最后，中国在应对全球气候变化方面发挥关键性作用。在习近平主席推动下，2014 年 11 月中美达成减排共识，[①] 分别宣布了本国2020 年后应对气候变化行动目标和方案，为 2015 年联合国巴黎气候变化大会上达成《巴黎协定》奠定了重要基础；2016 年 11 月，《巴黎协定》正式生效，成为一项具有法律约束力的国际条约。这是中国积极主动参与全球气候治理，发挥世界领导力，提高国际影响力的成功案例。

二、中国政治制度的比较优势

习近平总书记指出：发展社会主义民主政治，关键是要增加和扩大我们的优势和特点。[②] 党中央集体领导体制是中国政治制度的亮点，也是中国政治制度独特性与优越性的重要体现。

新中国成立之后，中国政治制度经历了长达近 70 年的不断发展和进化，形成了世界上独一无二的政治制度体系。中国政治制度的独特性，源于中国独特的政治文化传统、独特的历史渊源、独特的国情基础、独特的发展道路。其核心是党的领导和人民主体地位，体现在政治、经济、社会、文化、军事、外交等方方面面。正因其独特性，中国政治制度具备了一系列十分重要的比较优势。[③]

正如习近平总书记所指出的，"中国特色社会主义制度的生命力，

---

① 中美是世界上两个最大的碳排放国。2014 年中国二氧化碳排放量占世界总量比重为27.5%，美国为 16.9%，两国合计 44.4%。数据来源：2015 年，英国石油公司发布《BP 世界能源统计年鉴 2015》(*BP Statistical Review of World Energy* 2015)。
② 习近平. 在庆祝全国人民代表大会成立 60 周年大会上的讲话. 来源于人民网，2014 - 09 - 06.
③ 比较优势原本是经济学中的概念，指一国生产某种产品的机会成本低于其他国家，则这个国家在生产该种产品上拥有比较优势。政治制度的比较优势不在于衡量投入要素的经济性，而在于比较制度产出的优越性，即在国家治理上，是否取得比其他国家更好的绩效。

就在于这一制度是在中国的社会土壤中生长起来的",① 它充分适应中国国情,使中国共产党能够担当起历史和人民所赋予的伟大使命,使中国能够在激烈的国际竞争和风云变幻的国际环境中立于不败之地,不断提高综合国力、国际影响力和国际竞争力,将 13 亿多中国人民引向民族复兴的光明前景。我们从以下 10 个方面,对中国政治制度的比较优势加以总结。

第一,国家公益性产品供给优势。中国政治制度为全体人民提供了最重要的国家公益性产品,即天下大治、安定团结,政治有序、社会井然。国家公益性产品,是指能够在全社会范围提供的,赖以促进和保护全体人民福祉所需的产品和服务。它就如同新鲜空气,虽然看不见摸不着,但每一个人都无时无刻不需要它。在世界大国及主要政党中,中国共产党尤其珍视并且善于保持政治稳定、社会稳定,这种稳定性来自中国共产党的历史担当,既有对人民的责任,也有对全人类的贡献。政治稳定,主要体现在党和国家政治生活的制度化和党的执政理念、国家发展目标、发展规划以及重大政策的连续性;社会稳定,主要体现在社会规范的广泛有效性和社会冲突的高可控性,体现在社会公道正义的实现感和人民生命财产的安全感。中国之所以能够实现政治稳定、社会稳定,中国共产党始终坚持立党为公、执政为民,党的执政地位长期稳固、执政能力不断提升是关键,打造一支绝对听党指挥的强大人民军队是保障。正是有了稳定这个最重要的前提,人民才能够安居乐业,中国才能一步步实现社会主义现代化战略目标,迈向中华民族伟大复兴。

---

① 习近平. 在庆祝中国人民政治协商会议成立 65 周年大会上的讲话. 来源于人民网,2014 - 09 - 21.

成为鲜明对照的是，在当今世界许多国家，动荡与冲突已成常态，政治稳定、社会安宁成为极其稀缺的公益性产品。在北美，尽管特朗普当选美国总统，但选举过程及其上台以来推出的一系列政策正在加剧美国社会撕裂与对立；在西欧，难民入境在法国、荷兰等国引发的右翼民粹主义势力崛起，对其政治选举带来冲击。还有许多国家，长期以来军事政变、军人干政乱象频生；① 有的国家甚至军阀割据、连年混战，动辄"城头变幻大王旗"，② 民生福祉已沦为最大牺牲品。在社会公共安全方面，西欧多国近年来为"伊斯兰国"恐袭阴云所笼罩；阿富汗、伊拉克、叙利亚等国家在原政权被美国摧毁后，至今仍深陷恐怖主义血腥之中。放眼世界，一个稳定而安全的中国的确是"风景这边独好"。

第二，社会组织化优势。将人民组织起来、彻底告别"一盘散沙"的局面，不仅是中国摆脱半封建半殖民地状态、建立人民民主国家的必要条件，而且也是中国作为后发国家在现代化道路上实现对先行国家加速追赶的重要前提，这是由中国的基本国情和发展环境所决定的。中国社会得以有效组织，其前提是有了中国共产党这个高度组织化的强有力核心。中国共产党是世界第一大执政党，拥有 8900 余万党员。③ 中国共产党通过不断吸纳中华民族优秀分子而建立起两支"先锋队"，④ 通过科学的理论体系和思想政治建设保证全党在思想上

---

① 如缅甸、菲律宾、泰国、土耳其以及非洲多国。

② 出自鲁迅《七律·无题》，指军阀政权如走马灯一样频繁更迭。

③ 党员人数和基层党组织数来自中共中央组织部《2016 年中国共产党党内统计公报》，新华社 2017 年 6 月 30 日电。

④ 《中国共产党章程》：中国共产党是中国工人阶级的先锋队，同时是中国人民和中华民族的先锋队。

集中统一，[①] 建立了严格的纪律体系，由全体党员、党的中央机构、党的地方组织和基层组织共同构成有机的统一整体，具备了强大动员力和执行力，从而担负起领导我国社会主义现代化事业的使命；党又与国家机构、与中国基层社会的各级组织之间建立起紧密耦合的联系，从国家层面一直延伸至社会基层，通过 450 余万个党的基层组织将占世界总人口 1/5 的中国人民组织起来，实现全民族的团结。

反观 13 亿人口大国的印度，有包括 7 个全国性大党、40 个地区性政党在内的 1000 多个大大小小的政党参与国会选举竞争，[②] 但始终无法实现对人民的有效组织，因而也无法克服印度自身历史与文化带来的邦属众多、教派林立、统一基础薄弱等难题，政策过程高度破碎，国家发展步伐深受迟滞。

第三，统一思想优势。社会主义意识形态牢牢占据社会意识形态的主流。习近平总书记在 2013 年全国宣传思想工作会议上讲话指出："能否做好意识形态工作，事关党的前途命运，事关国家长治久安，事关民族凝聚力和向心力。"[③] 中国共产党始终坚持马克思主义在意识形态领域的指导地位，不仅坚持推进马克思主义中国化、时代化、大众化，发展当代中国马克思主义，走自己的道路；而且成功顶住了以美国为首的西方敌对势力对中国的意识形态攻势，有效应对了来自意识形态领域的挑战和考验，使中国人民认清西方对华宣传的虚伪性和敌对势力的险恶用心。中国共产党始终高举共产主义远大理想和中

---

① 相比之下，美国两党全国性机构和地方分支之间没有严格的上下级关系，是一个松散的政党组织，组织的主要功能是为了选举，通过政党组织凝聚政治力量的能力与中国共产党不可同日而语。

② 见维基百科词条：印度。

③ 评论员. 把宣传思想工作做得更好——论学习贯彻习近平总书记 8·19 重要讲话精神 [N].
人民日报，2013 – 08 – 21.

国特色社会主义共同理想旗帜，坚持弘扬社会主义核心价值观，在全体人民中不断巩固社会主义制度的政治认同，巩固中国经济社会持续发展和民生福祉不断改善的利益追求，巩固国家富强之梦与个人幸福之梦有机统一的行动准则，使社会主义意识形态牢牢占据主流，对团结社会、凝聚人心发挥着至关重要的作用；它与党的各级组织一道，共同维护着中国社会的基本秩序。

反观前苏联，苏共领导人背弃了马克思主义，自我抹黑苏联党和国家历史，放任西方意识形态泛滥，自我推翻苏联社会主义制度，摧毁苏联共产党的领导，这是致使苏共亡党、苏联亡国，酿成 20 世纪最大政治悲剧的重要原因。① 本世纪东欧、中亚及北非发生"颜色革命"的多个国家，其原有政权在美国意识形态攻势尤其是对当局政权的肆意抹黑面前应对乏力，加之美式价值观、民主模式和生活方式的长期潜移默化，使得当反对派粉墨上场、登高一呼时，大批民众不辨形势、受到利用驱使，加速了当局政权垮台、国家滑向崩溃和战乱、社会陷入动荡的深渊。这些由于意识形态失控而发生国家政权颠覆、百姓受难的一系列教训，也使得当今中国社会对西方真面目有了越来越清醒的认识；珍惜政治稳定、社会安宁的大好局面，把握好战略机遇期、聚精会神推动发展，早已成为中国社会的最广泛共识。

第四，人民代表优势。中国政治制度广泛代表全社会不同阶层、不同群体的利益。诚如习近平总书记所指出的，人民代表大会制度是"符合中国国情和实际、体现社会主义国家性质、保证人民当家作主、

---

① 2005 年 4 月 25 日，普京在国情咨文中指出："应当承认苏联解体是 20 世纪地缘政治上最大的灾难，对俄罗斯人民来说这是一个悲剧。"

保障实现中华民族伟大复兴的好制度"。① 这一制度是中国特色社会主义制度中的根本政治制度，是人类政治制度史上的伟大创造，是人民中心思想在政治上的深刻反映。在人民代表大会制度下，中国共产党不断扩大和巩固执政社会基础，兼顾群众性、阶层性，代表中国全体人民整体利益、根本利益、长远利益，在协调不同社会群体利益诉求、整合兼顾不同社会群体利益当中发挥了领导与引导作用，真正做到了来自人民、依靠人民、全心全意为人民。人民代表优势反映在重大决策中，就是决策科学化民主化水平的提高，在五年规划编制、医药卫生体制改革等典型案例中，以广泛征求和吸纳公众意见为代表的开门决策，以各方在沟通磨合中求同存异、高层协调把关为代表的共识决策，就是人民代表优势的直接体现，既通过汇集众思、广纳群言提高了决策的科学性，也保证了议而能决、决而能行的决策效率，避免了竞争性政治体制下决策效率低下、权力各方掣肘的弊端。

反观美国，不同社会群体间的对立和社会分化日益严重。不仅有"占领华尔街"运动反映出的普通大众与金融精英阶层的对立、2014年警察枪杀黑人事件所点燃的不同种族之间的长期矛盾，还有 2016年总统大选期间所反映出的不同政见、不同利益诉求者之间的尖锐对立等，不一而足。此外，在控枪、移民、同性婚姻等诸多涉及文化认同的深层次问题上，持不同意见群体日益固化，彼此见解调和难度不断上升，由此引发的社会冲突也时有发生。

第五，政治协商优势。中国政治制度在政治协商中实现党际合作与协商民主，实现政治团结。在中国共产党领导的多党合作与政治协

---

① 习近平. 在庆祝全国人民代表大会成立 60 周年大会上的讲话. 来源于人民网，2014 - 09 - 06.

商制度下，中国共产党与民主党派之间的关系是建设性的而不是破坏性的，是积极团结而不是互相掣肘。中国共产党与民主党派"长期共存、互相监督、肝胆相照、荣辱与共"，结成了最广泛的爱国统一战线，促进全民族大团结大联合，使国家受益、人民受益。习近平总书记指出："社会主义协商民主是中国社会主义民主政治的特有形式和独特优势，是党的群众路线在政治领域的重要体现"。[①] 党的十八大特别是党的十八届三中全会以来，中央进一步推进协商民主广泛多层制度化发展，协商民主顶层设计、协商体系建设、协商渠道建设等取得新的重要进展。仅 2015 年，就先后制定实施了中共中央《关于加强社会主义协商民主建设的意见》、《中国共产党统一战线工作条例（试行）》、中办《关于加强人民政协协商民主建设的实施意见》、中办国办《关于加强城乡社区协商的意见》及中办《关于加强政党协商的实施意见》等多个重要文件，协商民主制度化水平进一步提高。

反观美国，民主党、共和党所代表的是泾渭分明的不同利益集团，以权力制衡为初衷的"三权分立"政治舞台近年来愈益沦为不同利益集团的角斗场；两党总统候选人为争夺选票而互相揭短攻讦、诋毁谩骂，屡屡上演政治争斗的闹剧。在联邦层面的复杂重大决策中，两党之间的协调合作机制日渐式微，互相对峙、拆台、扯皮成为常态，为了否决而否决；奥巴马第二任期还因预算拨款无法在国会获得通过而造成联邦政府"停摆"。对此，奥巴马在国情咨文中也十分无

---

① 习近平. 在庆祝中国人民政治协商会议成立 65 周年大会上的讲话. 来源于人民网，2014 – 09 – 21. 习近平总书记在讲话中对中国社会主义协商民主的评价是："既坚持了中国共产党的领导，又发挥了各方面的积极作用；既坚持了人民主体地位，又贯彻了民主集中制的领导制度和组织原则；既坚持了人民民主的原则，又贯彻了团结和谐的要求。所以说，中国社会主义协商民主丰富了民主的形式、拓展了民主的渠道、加深了民主的内涵。"

奈地承认，华盛顿"一事无成""四分五裂"。① 可以说，当今美国"制衡"体制所存在的种种弊端，正是社会主义协商民主所避免的。②

第六，民族团结优势。中国政治制度能够妥善处理民族关系，维护国家统一，促进民族团结与共同繁荣发展。中国共产党领导的民族区域自治作为一项基本政治制度和中国少数民族地区基本政权形式，符合中华人民共和国单一制政体和崇尚团结统一的传统政治文化，充分体现了各民族平等团结和共同繁荣的基本原则。在中国共产党领导下，中国成功地建立起了"一体多元"的现代国家：这里的"一体"是基础，不仅指中华民族的整体性，也指各民族构成了命运共同体；"多元"是"一体"基础之上的"多元"，主要表现为多民族、多语言、多文化。正如习近平总书记所指出的："我国是统一的多民族国家。各民族多元一体，是老祖宗留给我们的一笔重要财富，也是我们国家的重要优势。"③ 新中国成立近 70 年来，中国实施了一系列重要的民族发展政策，如对口支援、西部大开发战略等，不仅有力地推动了民族地区经济社会跨越式发展，极大地改变了民族地区千百年来贫穷落后的面貌，极大地改善了少数民族群众生活，还从民族干部培养、文化传统保护等许多方面做了大量的工作，创造了多民族和谐共

---

① 美国总统奥巴马 2012 年 1 月 24 日发表国情咨文，白宫新闻秘书办公室文稿。参见《参考资料》，2012 年 1 月 30 日，第 16 期。

② 习近平指出："在中国共产党统一领导下，通过多种形式的协商，广泛听取意见和建议，广泛接受批评和监督，可以广泛达成决策和工作的最大共识，有效克服党派和利益集团为自己的利益相互竞争甚至相互倾轧的弊端；可以广泛畅通各种利益要求和诉求进入决策程序的渠道，有效克服不同政治力量为了维护和争取自己的利益固执己见、排斥异己的弊端；可以广泛形成发现和改正失误和错误的机制，有效克服决策中情况不明、自以为是的弊端；可以广泛形成人民群众参与各层次管理和治理的机制，有效克服人民群众在国家政治生活和社会治理中无法表达、难以参与的弊端；可以广泛凝聚全社会推进改革发展的智慧和力量，有效克服各项政策和工作共识不高、无以落实的弊端。这就是中国社会主义协商民主的独特优势所在。"习近平．在庆祝中国人民政治协商会议成立 65 周年大会上的讲话．来源于人民网，2014 - 09 - 21.

③ 习近平在会见 5 个自治区 13 名基层民族团结优秀代表时的讲话，新华社 2015 年 9 月 30 日电。

荣的"中国典范"。

从现代世界范围来看，受困于民族（种族）问题甚至由此引发国内动乱、国内战争和国家解体等严重后果的例子数见不鲜。例如，苏东剧变中，前苏联解体为 15 个民族国家，前南斯拉夫解体为 6 个民族国家；又如印度，其东北部阿萨姆等邦、西北部旁遮普邦和印控克什米尔地区就是民族分离主义的重灾区，时至今日仍时有恐怖袭击事件发生；又如美国，2016 年因警察枪杀黑人引爆长期存在的种族矛盾，引发多地非裔人口示威游行甚至血腥袭警事件；最为惨痛的教训，莫过于 1994 年持续两个多月、造成近百万人死亡的卢旺达种族屠杀。

第七，改革创新优势。中国政治制度始终在改革创新中与时俱进，不断进行自我完善。习近平总书记多次指出，"改革开放永无止境"，"改革开放只有进行时、没有完成时"。中国共产党坚持在改革创新中寻求发展活力。改革就意味着创新，只有在创新中才能不断保持对环境变化的适应性，赢得永续发展。中国政治制度改革创新的比较优势，不仅体现在改革本身对马克思主义经典理论的发展性、对中国现代化进程需求的适应性，还体现在改革领域的全面性、改革路径的科学性以及改革持续深入的自觉性。党的十一届三中全会以来，中国以经济体制改革为引领，建立了社会主义市场经济体制的基本框架；协同推进政治、文化、社会、生态、军事、外交体制改革，使之与经济体制改革相适应，形成了中国特色社会主义事业总体布局。党的十八届三中全会，开启了改革新篇章，吹响了全面深化改革号角，提出了全面深化改革总目标和 2020 年阶段目标；将全面深化改革写入新时期"四个全面"战略布局。具体到政治体制改革来看，党的民主集中制得以坚持，党中央集体领导体制先重建后巩固，又不断创新发展，形成了一个核心与"七大机制"的集体领导体制框架。① 以人为本和依法治国的执政理念全面树立，执政方式走上科学执政、民主执政和依法执政的轨道。人民代表大会制度特别是选举制度不断完善，公众有序政治参与不断扩大，人民民主权利得到更高水平保障。政治协商会议制度、基层民主制度、民族区域自治制度的具体机制不断丰富，党内民主有序扩大。党风廉洁与反腐败机制、国家监察制度创新发展。

反观美国，面对"民主政体"异化为"否决体制"（vetocracy）的困境，尽管两党都十分清楚美国政治已经深受"否决政治"之害，但无论是奥巴马还是特朗普，都无力改变美国政治的现状；不仅无力改变，而且还饮鸩止渴，一再利用有关议事规则作为武器，在政策议程中相互掣肘。② 此外，大众媒体多元化也在很大程度上加剧了政党观点和立场的极端化趋势，③ 但根据美国有关法律，这一趋势在短期内得到扭转的希望十分渺茫。改革创新对当前美国政治而言，"非不为也，诚不能也"，④ 反映出美国制度陷于僵化、与环境互动能力严重弱化的困境。对此，政治学者弗朗西斯·福山称之为"政治衰败"。⑤

---

① 胡鞍钢，杨竺松. 坚持完善党中央集体领导体制："七大机制"与核心［J］. 清华大学学报（哲学社会科学版），2017（1）：5-18.

② 美国政治学者弗朗西斯·福山将美国政治体制称为"否决政体"，指在政策过程中不同利益集团间彼此制衡、严重掣肘，政治立场趋于极化，导致"我办不成事也不能让你办成"的低效政治、失败政局局面。他详细介绍了美国的制衡体系如何变成否决制，参见弗朗西斯·福山：《政治秩序与政治衰败：从工业革命到民主全球化》（中文版），第 34 章"否决制的美国"，445 页，广西师范大学出版社，2015 年版。

③ 赵忆宁. 探访美国政党政治［M］. 北京：中国人民大学出版社，2014：43.

④ 化用自《孟子·梁惠王篇上》："挟太山以超北海，语人曰：'我不能。'是诚不能也。为长者折枝，语人曰：'我不能。'是不为也，非不能也。"

⑤ 福山认为政治衰败有两个根源：一是智识僵化，二是精英群体施加影响力，这是民主国家的通病。参见弗朗西斯·福山：《政治秩序与政治衰败：从工业革命到民主全球化》（中文版），443 页，桂林：广西师范大学出版社，2015。

　　第八，学习型政党优势。中国政治制度体现了中国共产党人极强的学习自觉性，善于鉴古知今、博采众长。习近平总书记指出："历史和现实都告诉我们，事业发展没有止境，学习就没有止境"；"中国共产党人依靠学习走到今天，也必然要依靠学习走向未来"。① 建设学习型政党，是中国共产党长期以来的优良传统；中国共产党形成了自上而下的系统性的学习机制。在中央层面，中共中央政治局已经形成了固定的集体学习机制。学习内容十分广泛，涉及治党治国治军、内政外交国防的方方面面；学习形式丰富多样，既有专家授课、系统讲授，又有内部交流、参观学习，极大地促进了知识与信息在中央领导集体中的共享，也向全党做出了很好的示范。地方各级党委也设有理论学习中心组，定期组织集体学习；随着 2017 年 3 月《中国共产党党委（党组）理论学习中心组学习规则》的制定实施，党内组织化学习机制进一步成熟和完善。中国共产党还十分重视向全世界包括西方国家在内的一切其他国家学习其先进文明成果，向资本主义学习市场经济，向新加坡学习干部管理与廉洁建设，这都是十分典型的例子。实际上，早在 1992 年，中共十四大报告就明确提出："社会主义要赢得同资本主义相比较的优势，必须大胆吸收和借鉴世界各国包括资本主义发达国家的一切反映现代社会化生产和商品经济一般规律的先进经营方式和管理方法。"这正是中共开放与学习心态的最佳反映。

　　相比之下，西方特别是美国长期以来以民主"正统"自居，唯我独尊、自我封闭，认为自身制度是"放之四海而皆准"的最优制度，既缺乏自我反思，又缺乏对世界其他国家制度的尊重和借鉴；美国政

---

　　① 习近平. 在中央党校建校 80 周年庆祝大会暨 2013 年春季学期开学典礼上的讲话. 来源于人民网，2013 – 03 – 01.

府甚至长期致力于推销美式民主，通过大量非政府组织（如美国国际共和研究所，IRI；美国国际民主研究院，NDI）向别国"免费"传播多党制、普选制的知识和经验，帮助组建反对党派，甚至不惜对别国政权开战生事、除之后快。面对中国政治制度所表现出的竞争力，美国政界主流更多地停留在对所谓"威权政体"的批判，甚至未能跳脱对抗与遏制的冷战思维。对此，早已有研究者指出，包括政治精英在内的美国人"已经习惯了中国向美国学习"，"共和党对中国的知识低得令人发指，共和党候选人以诚实的态度谈论中国的意愿也低得令人难以置信"。[①]

第九，政治人才培养与选拔任用优势。中国共产党源源不断地培养和任用大批经过充分历练、为实践证明堪当治党治国治军大任的优秀政治人才。习近平总书记指出，党的事业"关键在人，就要建设一支宏大的高素质干部队伍"。[②] 以中共中央领导集体为例，最终跻身这一集体的领导者往往需要经过两个台阶的历练，第一个台阶是担任各省区市特别是若干经济大省和直辖市的党委书记，在治理国家前先充分学习如何治省；第二个台阶是担任在任中央领导集体的主要助手，直接观察和学习如何治国理政、做出重大决策。[③] 在每个台阶上，领导人都要面对近似于西方"一国规模"的治理考验，经受严峻复杂环境的历练，学习观察已有治理经验的精华，借此确保由出类拔萃的优秀领导人来领导党和国家。

不仅如此，中国共产党坚持按照德才兼备、组织认可、群众公认

---

① 荣筱箐. 中国崛起：美国社会"向中国学习"声音日益响亮［J］. 中国新闻周刊，2012（9）.
② 习近平在全国组织工作会议上的讲话，新华社北京 2013 年 6 月 29 日电。
③ 胡鞍钢. 民主决策：中国集体领导体制［M］. 北京：中国人民大学出版社，2014：169.

等重要原则选用干部，不断完善干部选拔任用程序、从严设定选人用人标准，提高选人用人科学化水平。中国共产党还坚持从宽广视野中选任干部，十分注重从女性、少数民族、党外人士中选拔培养干部担任领导职务；还建立了以各级党校为主渠道、其他有关部门和部分高等院校参与其中的较为完备的干部培训体系，使党的干部教育培训工作更好地适应新形势新任务的需要；有计划地安排干部在中央机关、国家部委和地方党政部门、国有企业之间交流任职，培养能力全面的"复合型"干部和中国"政治家集团"后备军。通过一系列的制度设计，使党的干部队伍的人力资本存量不断提质增量，成为党治国理政所依赖的宝贵财富。

反观美国，每一任总统入主白宫之后，在安排一系列重要岗位人选时，往往会任用大量缺乏相关从政经历的人选；例如，特朗普当选总统后，更是将内阁班子换成了几乎清一色的从政履历单薄的商界精英。值得注意的是，从美国政治实践来看，州一级主官跨州任职是难以想象的：不仅没有跨州任职的调动机制，也缺乏支持易地从政的政治基础。美国联邦和州一级参议员，许多人是几代人生于斯长于斯，其家族在当地具有极其深厚的政治经济根脉；在多州政治版图中，多代从政、政商互利的"寡头"家族数见不鲜，政治生态格局呈现出长期固化的特点。

第十，党的自身建设优势。中国共产党具有强大的执政能力，并自觉通过持续不断的自身建设巩固这种能力。"打铁还需自身硬"，中国共产党始终将马克思主义信仰和社会主义、共产主义信念作为政治灵魂，始终坚持与时俱进推动党的思想理论体系和执政方式创新，不断提高党内民主制度化水平和实效，增强自身创新活力，始终致力于打造更加坚强有力、更高素质的执政骨干队伍。尤其是党的十八大以来，以习近平总书记为核心的党中央将全面从严治党纳入"四个全面"战略布局，把作风建设和反腐败斗争作为全面从严治党的重要内容，着力构建党统一领导的反腐败工作体制，形成依规治党与依法治国有机统一的党和国家治理体系；① 从制定关于改进工作作风、密切联系群众的"八项规定"，到开展群众路线教育实践活动、"三严三实"教育活动及"两学一做"活动，再到大力倡导构建"亲""清"新型政商关系，党的作风建设和反腐败斗争取得了一系列重大成效，赢得了人民群众的高度评价。

反观美国，民主党、共和党既没有固定和明确党的成员与各级组织，只有在举行总统大选时才按照政治倾向由选民自行登记，党派活跃分子的主要工作就是为本党参加大选角逐筹款；② 也没有成文的党的章程，只在选举前才会提出本党的竞选纲领，而纲领中提到的施政目标往往又难以兑现，甚至会随着参众两院多数席位政党的更迭而根本没有实现的机会。与此同时，金钱在美国总统竞选乃至美国政党政治命脉的影响力却不断强化，使所谓民主沦为"一美元一票"的"金主"：2010 年，美国联邦最高法院以保护言论自由为由，裁决各类非政党组织（包括各类资本集团、利益集团）可以无限制地投入资金参与政治；老布什、小布什和奥巴马三任总统都拿出近 1/3 的美国驻外大使职位，用于对支持自己参选的政治献金大户投桃报李，是近乎明码标价的卖官鬻爵，为全世界所罕见。

以上是中国政治制度最突出的十大比较优势。归根结底，中国政治制度比较优势的根本来源是中国共产党的领导。习近平总书记指

---

① 王岐山参加十二届全国人大五次会议北京代表团全体会议时的讲话，来源于新华网，2017 – 03 – 06.

② 赵忆宁 . 探访美国政党政治［M］. 北京：中国人民大学出版社，2014：208.

出："中国特色社会主义制度是当代中国发展进步的根本制度保障，是具有鲜明中国特色、明显制度优势、强大自我完善能力的先进制度。"① 中国政治制度作为一个完整的政治制度体系，其比较优势也是相互关联、相互影响、相互作用，形成制度合力，对中国稳健迈向社会主义现代化强国发挥着关键作用。

中国政治制度从马克思主义百余年发展中走来，从国际共产主义运动百余年兴衰中走来，从中国革命建设改革百余年伟大实践中走来。这套制度在中国的发生和发展，是历史的选择、时代的选择、人民的选择。只有对中国政治制度具有高度自觉，才能不断深化自我认知；只有对中国政治制度充满自信，才能坚定信念，不忘初心，继续前进；只有对中国政治制度始终保持自强之心，才能在改革创新中不断自我完善，自我超越。这是一个良性循环：自信深化自觉，自强发展自觉，也使自信更可持续。

三、结语

恩格斯曾经提出历史发展的"平行四边形合力"之说。他指出：

历史是这样创造的：最终的结果总是从许多单个的意志的相互冲突中产生出来的，而其中每一个意志，又是由于许多特殊的生活条件，才成为它所成为的那样。这样就有无数互相交错的力量，有无数个力的平行四边形，而由此就产生出一个总的结果，即历史事变，这个结果又可以看作一个作为整体的、不自觉的和不自主的起着作用的力量的产物。②

---

① 习近平. 在庆祝中国共产党成立 95 周年大会上的讲话. 来源于新华网，2016 - 07 - 01.
② ［德］恩格斯. 致约·布洛赫［M］//中共中央编译局. 马克思恩格斯选集：第 4 卷. 北京：人民出版社，1972：478.

以此为借鉴，我们提出领导集体历史作用的"分力与合力说"：一方面，中国不断推进社会主义现代化事业的历史进程，也是各种政治的、经济的、文化的、社会的力量相互作用的过程。党中央处于中国社会主义现代化事业的中心，发挥着至关重要的领导力，同时也需要整合其他方方面面的力量，从而使党在历史中的分力与其他方面因素的分力相互作用，汇聚起推动社会主义现代化事业向前发展的历史合力。另一方面，对党中央领导集体来说，领导集体成员作为党和国家领导人，会对历史进程产生重要影响，表现为个人的分力；特别是核心领袖，在其中发挥更为重要的历史作用。核心领袖坚持正确前进方向、坚持正确工作方法，领导集体成员齐心协力、团结一致，在正确的方向上实现领导集体的政治合力最大化，从而实现全党团结统一、行动有力，推动历史向前发展。

这就解释了当代中国社会发展的根本趋势和根本动力。无论在任何一个时代，人民始终是塑造历史的主体；在建设社会主义现代化的伟大事业当中，中国共产党绘制发展蓝图、把握前进方向，使千千万万的人民个体的历史分力汇聚成推动中国现代化的历史合力，谋求最广大人民的发展，实现最广大人民的利益。

党的十八大以来，党中央书写了新的历史。首先是明确习近平同志是党中央的核心、全党的核心，这是党心所向、军心所归、民心所望，也令世界为之震撼；其次是将集体领导体制从"五大机制"发展为"七大机制"，强化了集体外事机制和集体自律机制在中央政治局及其常委会治国理政及全面从严治党中的作用；最后是通过优化中央领导机构组织架构，强化中央政治局常委会内部协作，同时通过拓展重大专项会议制度和领导小组会议制度，完善重大会议机制，加强了党中央重大决策制度建设，使集体决策机制更加适应全面深化改革的需要。集体领导体制的创新与发展，反映了中国制度创新、制度实践、制度调整、制度完善的发展。

在党中央，核心的能力与领导集体其他组成人员的能力共同构成领导集体的"能力集"，两者的作用之间是乘法关系，两者在民主集中制原则和集体领导制度的基础上相互促进、相得益彰；核心强、班子强、集体领导制度运行良好，则领导集体强，中国社会主义现代化事业就有了坚强可靠的领导。

总之，以习近平同志为核心的第十八届中央政治局常委会，已经以实际行动向全党全国全世界充分证明了自身坚定的理想信念、巨大的政治勇气、卓越的政治智慧和高度的政治自觉。党中央集体领导体制是世界上独一无二的制度，核心领导与"七大机制"互补互益、相辅相成，我们要自觉认识中国制度优越性，只有自觉才能自强，只有自强才能自信。以习近平同志为核心的党中央对集体领导体制的坚持、完善和发展，又体现了这一体制的创新性与发展性，再次印证了中国道路、中国理论、中国制度对形势变化的适应能力和与时俱进的发展潜力。我们坚信，在以习近平同志为核心的党中央领导下，第一个百年目标必将如期实现，并为实现第二个百年目标设计新蓝图、开拓新途径、奠定更坚实的基础；中国共产党也必将带领全国人民在实现中华民族伟大复兴中国梦的道路上迈出更加坚实的步伐。

后 记

在与中信出版社的共同努力下，《创新中国集体领导体制》与读者见面了。

2012 年，全球有数十个国家通过选举以完成政治权力交接，这一年也因此被称为"世界政治选举之年"。^① 2016 年至 2017 年，世界政治格局变化的剧烈程度，与四五年前相比有过之而无不及。不仅如此，从全球范围来看，一套充分回应人民诉求、适应本国发展实际、能够有效实现国家良治的政治制度体系并未变得更加可及；恰恰相反，它仍然是各国经济持续繁荣、社会持续进步最重要的条件，又是最稀缺的资源之一。这不仅意味着关于政治制度的研究对增进全人类福祉具有重大的现实意义，同时也是我们多年来围绕中国道路特别是中国特色社会主义民主政治发展之路开展持续研究、跟踪研究的动力之一。

我们在 2013 年出版的《中国集体领导体制》一书的后记中曾详

---

① 胡鞍钢，杨竺松. 中国共产党与美国民主党、共和党全国代表大会比较［J］. 清华大学学报（哲学社会科学版），2014（1）.

细记述了从 1999 年至 2012 年间我与有关合作者开展相关研究并向决策层建言的情况。13 年间，仅关于更好地认识和发展中国政治制度这一主题，我就完成了包括 8 篇《国情报告》在内的 9 篇重要文稿。①在充分吸收这些文稿研究成果的基础上，从 2011 年下半年到 2012 年 2 月，我与杨竺松共同撰写了题为《党中央集体领导体制》的国情报告，提出了"中国集体领导体制"这一核心命题，以及包括集体交接班机制、集体分工协作机制、集体学习机制、集体调研机制和集体决策机制的"五大机制"分析框架。该报告于 2012 年 3 月报送第十七届中共中央政治局和中央书记处领导同志，被有关领导人推荐给有关省市委书记参阅。此后，我们又在国情报告的基础上，对报告结构做了新的调整，补充了大量有价值的信息，特别是增加了国际比较的有关内容。之后我又利用在英国牛津大学当代中国研究中心访问研究的两个月时间对书稿做了反复修改，在 2012 年 7 月定稿，于 2013 年 7 月在中国人民大学出版社正式出版。2014 年 6 月，本书英文版由施普林格出版社（Springer）正式出版。2015 年 7 月，美国宾夕法尼亚州立大学国际关系教授、法学教授白轲在《清华大学学报（哲学社会科学版）》上发表长篇文章，对本书所论及的中国集体领导体制及其

---

① 胡鞍钢. 中国集体领导体制［M］. 北京：中国人民大学出版社，2013：183 - 190. 这些文章包括：胡鞍钢：《旨在促进经济发展的中国政治改革》，《改革》，1999 年第 3 期；中科院—清华大学国情研究中心：《中国共产党如何代表最广大人民的根本利益》，2000 年 8 月 14 日，《国情报告》，2000 年第 63 期；胡鞍钢：《党的十六大与中国走向》，2002 年 6 月 12 日，《国情报告》，2002 年增刊 8；胡鞍钢：《十六大与新老交替》，2002 年 11 月 18 日，《国情报告》，2002 年专刊 1；胡鞍钢：《中国领导人新老交替的制度化、规范化和程序化》，2007 年 10 月 31 日，《国情报告》，2002 年第 37 期；胡鞍钢：《一个好的中央政治局常委会及其机制设计——以中共第十六届为例》，2007 年 11 月 19 日，《国情报告》，2007 年第 39 期；胡鞍钢：《关于加强党中央民主决策制度建设的建议》，2010 年 3 月 15 日，《国情报告》，2010 年第 5 期；胡鞍钢：《从政治制度看中国为什么总会成功？》，2011 年 1 月 24 日，《国情报告》，2011 年第 8 期；胡鞍钢：《中国特色的"集体总统制"》，2012 年 3 月 12 日，《国情报告》，2012 年专刊第 1 期。

五大机制给予了充分肯定性的评述。① 2016 年 12 月，此书韩文版由韩国成均馆大学成均中国研究所翻译出版。

2012 年 11 月，党的十八届一中全会正式选举产生了新一届中央政治局常委会。新一届中央政治局常委会成员正式与公众见面后，我们很快撰写了《中共十八大如何实现领导人的新老交替》② 一文，依托已有的集体领导体制基本框架对新一届中央领导集体及相关机制加以研究。党的十八大以后，习近平同志作为党的新一届总书记和全党核心，在治国理政实践中对内始终以人民为中心、坚持群众路线，对外始终统筹国际大局、开拓了中国特色大国外交新的局面，将中华民族伟大复兴事业推向新的高度。为此，从 2013 年下半年到 2014 年年初，我们又聚焦第十八届中央政治局常委会集体调研机制运行情况开展持续研究、跟踪研究，并撰写了《踏遍青山　问计人民——习近平同志 2013 年国内考察调研评析》和《纵横四海　统筹全局——2013 年中国特色大国外交评析》两篇国情报告。③ 为更好地体现研究工作的连贯性和成果的继承性，我们以《民主决策：中国集体领导体制》为书名，对《中国集体领导体制》第一版进行了修改和补充，并将以上 3 篇报告作为新增内容吸收到新版书稿当中。

党的十八大的召开，对中国特色社会主义民主政治的发展具有里程碑意义。这不仅是因为习近平总书记提出的"四个全面"战略布局中全面推进依法治国和全面从严治党都属于政治建设范畴，也是因为 2016 年党的十八届六中全会确立了习近平总书记在全党的核

---

① Larry Catá Backer. 为 21 世纪的中国设计社会主义民主理论——中国宪政国家兴起语境下对胡鞍钢"集体领导制"理论的思考［J］. 清华大学学报（哲学社会科学版），2015（4）.
② 2012 年《国情报告》第 35 期，12 月 7 日。
③ 2013 年《国情报告》第 51 期，12 月 25 日，杨竹松协助整理；2014 年《国情报告》专刊第 1 期，1 月 17 日，合作者杨竹松。

心地位。实际上，在 2016 年 1 月中央政治局会议提出包括核心意识在内的"四个意识"之后，我们即对党是否需要核心、需要领袖，以及如何深刻认识核心内涵、牢固树立核心意识开展了深入研究。2016 年 5 月，我们形成了聚焦党的领导核心的专题内部报告，从核心的含义、领导人关于核心的论述、党在核心问题上的历史经验、党为什么一定要有领导核心以及核心的基本特征等方面展开讨论，并将报告报送中央领导。

　　2016 年 10 月，党的十八届六中全会审议通过了《关于新形势下党内政治生活的若干准则》。《准则》在第六部分就坚持民主集中制原则提出有关要求时，特别强调"坚持集体领导制度，实行集体领导和个人分工负责相结合，是民主集中制的重要组成部分，必须始终坚持，任何组织和个人在任何情况下都不允许以任何理由违反这项制度"。这表明：树立党的领导核心与集体领导体制不矛盾，与民主集中制不矛盾，与发扬党内民主不矛盾。在这样的背景下，我们进一步总结了以习近平同志为核心的党中央治国理政有关实践，丰富了中国集体领导体制的理论框架，在原有"五大机制"基础上新提炼出了集体外事机制、集体自律机制，由此形成党中央集体领导的"七大机制"，并尝试对集体学习机制、集体调研机制和集体决策机制运行过程中出现的新特点新变化加以归纳；同时，我们还根据党的十八届六中全会精神，依托前述有关研究成果，对党的核心与集体领导体制的关系等重大问题作了进一步讨论，最终形成了题为《坚持完善党中央集体领导体制："七大机制"与核心》的国情报告。①

----

　　① 2016 年《国情报告》，专刊 40，12 月 6 日，合作者杨竺松。该报告后正式发表在《清华大学学报（哲学社会科学版）》，2017 年第 1 期。

　　我们在本报告中提出：党的十八大以来，以习近平同志为核心的党中央始终坚持并不断完善集体领导体制，推动党中央集体领导体制在新形势下取得新发展。一是明确习近平同志是党中央的核心、全党的核心，这是党心所向、军心所归、民心所望，也令世界为之所震撼；核心的能力与领导集体其他组成人员的能力共同构成领导集体的"能力集"，两者之间的作用是乘法关系。二是将集体领导体制的"五大机制"发展为"七大机制"，强化了集体外事机制和集体自律机制在中央政治局及其常委会治国理政及全面从严治党中的作用，并且"七大机制"与核心领导互补互益、相辅相成。三是通过优化中央领导机构组织架构，拓展重大专项会议制度和领导小组会议制度，加强了党中央重大决策制度建设，使集体决策机制更加适应全面深化改革需要。

　　此后，我们又在该报告基础上设计了新的框架，按照先论核心、后谈机制的布局，进一步深化论述、补充内容并不断修改，最终写成本书。

　　本书所讨论的党中央集体领导体制的创新与发展，实际上反映了中国制度的创新与发展。在国家层面，发展中所产生的问题以及制度环境变化所带来的挑战为制度创新提供了必要的动力，而制度能否在这种推动下实现变革、得到完善，既反映了制度本身的适应性和生命力，更反映了有关政治力量特别是执政党的自觉性和先进性。执政党作为一个国家政治舞台上最关键的角色，如果它能够并正确设计制度变迁路径，并持续推动制度变迁，那么这将有助于整个国家发展生命周期的延长，使其不断从稳定期进入到新的成长期，而不是陷入僵化、停滞，甚至衰落。从中国改革开放 30 余年的实践来看，中国制度之所以能够持续成功，最根本的原因在于党能够始终沿着正确的道路前进，并且成功地延续了党和国家各方面的制度创新。

中国的政治制度是世界上独一无二的政治制度，也是最适于中国国情的政治制度，因为它完全符合评价政治制度中邓小平提出的标准以及习近平提出的标准。这里邓小平提出的标准，就是 1987 年邓小平同志在会见外宾时所提出的，"我们评价一个国家的政治体制、政治结构和政策是否正确，关键看三条：第一是看国家的政局是否稳定；第二是看能否增进人民的团结，改善人民的生活；第三是看生产力能否得到持续发展"；① 2014 年习近平总书记又指出：

> 评价一个国家政治制度是不是民主的、有效的，主要看国家领导层能否依法有序更替，全体人民能否依法管理国家事务和社会事务、管理经济和文化事业，人民群众能否畅通表达利益要求，社会各方面能否有效参与国家政治生活，国家决策能否实现科学化、民主化，各方面人才能否通过公平竞争进入国家领导和管理体系，执政党能否依照宪法法律规定实现对国家事务的领导，权力运用能否得到有效制约和监督。②

归根结底，邓小平同志和习近平同志都强调要在实践中检验政治制度的优劣。我们撰写本书的目的，也正是在于通过梳理党的十八大以来党中央集体领导体制的创新发展，揭示出中国政治制度的创造性、适应性和生命力，使人们对中国政治制度的自信、对中国共产党的自信变得更加成熟而坚定。

本书的合作者杨竺松曾是我指导的博士研究生，现为清华大学

---

① 邓小平. 怎样评价一个国家的政治体制 [M] //邓小平. 邓小平文选：第 3 卷. 北京：人民出版社，1994：213.

② 习近平. 在庆祝全国人民代表大会成立 60 周年大会上的讲话. 来源于新华网，2014 - 09 - 05.

国情研究院助理研究员、公共管理学院博士后，同时也是我的主要助手。2011 年下半年，当他还是一名博士研究生的时候，就全程深度参与了《中国集体领导体制》一书的研究和编写工作，并持续参与了此书的后续研究。在对中国集体领导体制相关研究不断拓展和深化的过程中，他也从一个研究生成长为一名日益成熟的从事中国政治国情研究的青年学者，这令我感到欣慰。多年来，我们始终鼓励并引导国情研究院的学生在他们的黄金年龄上好黄金大学，在改革开放的黄金时代投身"知识为民，知识报国"的黄金事业。这是国情研究院十分重要的精神传承，同时也是我们作为大学智库的使命所在。

　　最后，我还要感谢王绍光教授对本书有关研究所提出的宝贵建议，感谢我的学生胡江、周顶以及我正在指导的硕士研究生石智丹和博士研究生任皓、程文银、谢宜泽等同学为本书研究所做的十分重要的基础性工作。还要感谢中信出版社副总编季红女士在成书过程中多次提出富有建设性的意见和建议，感谢中信出版社编辑张东妮女士高效而专业的编辑工作。

　　尤其要感谢我的妻子赵忆宁，正是有她长期以来的支持和照料，使我能够全身心地投入到国情研究、教书育人和智库建设的事业中去，也使得我能够集中精力天天阅读中国这部"天书"，并将我的思考和感受记录下来，与我的学生、与广大读者们分享。

二〇一七年七月于清华园

附 表

附表1 十八届中央政治局集体学习统计
（2012—2016 年）

场次	时间	主题	主要内容
第一次	2012 年 11 月 17 日	深入学习贯彻党的十八大精神	习近平主持学习并发表讲话，李克强、张德江、俞正声、刘云山、王岐山、张高丽就深刻领会和贯彻落实党的十八大精神谈体会
第二次	2012 年 12 月 31 日	以更大的政治勇气和智慧深化改革	中央党史研究室李向前研究员、国家发展改革委宏观经济研究院王一鸣研究员讲解
第三次	2013 年 1 月 28 日	坚定不移走和平发展道路	外交部部长杨洁篪、中共中央对外联络部部长王家瑞、商务部部长陈德铭先后发表意见
第四次	2013 年 2 月 23 日	依法治国、依法执政、依法行政共同推进，坚持法治国家、法治政府、法治社会一体建设	全国人大常委会法工委主任李适时、最高人民法院副院长沈德咏、最高人民检察院副检察长胡泽君、司法部部长吴爱英、国务院法制办主任宋大涵讲解

续表

场次	时间	主题	主要内容
第五次	2013年4月19日	积极借鉴我国历史上优秀廉政文化 不断提高拒腐防变和抵御风险能力	中国社会科学院历史研究所卜宪群研究员、政治学研究所房宁研究员讲解
第六次	2013年5月24日	坚持节约资源和保护环境基本国策 努力走向社会主义生态文明新时代	清华大学环境科学与工程研究院教授、中国工程院院士郝吉明，中国环境科学研究院研究员、中国工程院院士孟伟讲解
第七次	2013年6月25日	在对历史的深入思考中更好走向未来 交出发展中国特色社会主义合格答卷	马凯、刘奇葆、范长龙、孟建柱、赵乐际、胡春华作重点发言
第八次	2013年7月30日	建设海洋强国	中国海洋石油总公司副总工程师、中国工程院院士曾恒一，国家海洋局海洋发展战略研究院高之国讲解
第九次	2013年9月30日	敏锐把握世界科技创新发展趋势，切实把创新驱动发展战略实施好	采取调研、讲解、讨论相结合的形式
第十次	2013年10月29日	加快推进住房保障体系和供应体系建设	清华大学土木水利学院刘洪玉教授、住房和城乡建设部政策研究中心秦虹研究员就这个问题进行讲解，并谈了他们的意见和建议
第十一次	2013年12月3日	历史唯物主义基本原理和方法论	中国人民大学郭湛教授、中央党校韩庆祥教授就这个问题进行讲解，并谈了他们的意见和建议
第十二次	2013年12月30日	提高国家文化软实力	武汉大学沈壮海教授、全国宣传干部学院黄志坚教授就这个问题进行讲解，并谈了他们的意见和建议

场次	时间	主题	主要内容
第十三次	2014 年 2 月 24 日	培育和弘扬社会主义核心价值观、弘扬中华传统美德	中宣部思想政治工作研究所戴木才教授就这个问题进行讲解，并谈了意见和建议
第十四次	2014 年 4 月 25 日	切实维护国家安全和社会安定	习近平在主持学习时发表了讲话。中央政法委汪永清同志就切实维护国家安全和社会安定问题进行讲解，并谈了意见和建议
第十五次	2014 年 5 月 26 日	使市场在资源配置中起决定性作用和更好发挥政府作用	由中央政治局同志自学并交流工作体会，孙春兰、孙政才、汪洋、韩正就这个问题作了重点发言，中央政治局各位同志听取了他们的发言，并就有关问题进行了讨论。习近平在主持学习时发表了讲话
第十六次	2014 年 6 月 30 日	加强改进作风制度建设	由有关负责同志介绍全党以及本地区本部门开展党的群众路线教育实践活动、推动作风建设的情况
第十七次	2014 年 8 月 29 日	世界军事发展新趋势和推进我军军事创新	国防大学战略教研部肖天亮教授就这个问题进行讲解，并谈了意见和建议
第十八次	2014 年 10 月 13 日	我国历史上的国家治理	中国社会科学院历史研究所卜宪群研究员就这个问题进行讲解，并谈了意见和建议
第十九次	2014 年 12 月 5 日	加快自由贸易区建设	商务部国际贸易经济合作研究院李光辉研究员就这个问题进行讲解，并谈了意见和建议

续表

场次	时间	主题	主要内容
第二十次	2015 年 1 月 23 日	辩证唯物主义基本原理和方法论	吉林大学孙正聿教授就这个问题进行讲解，并谈了意见和建议
第二十一次	2015 年 3 月 24 日	深化司法体制改革、保证司法公正	吉林省社会科学院黄文艺教授就这个问题进行讲解，并谈了意见和建议
第二十二次	2015 年 4 月 30 日	健全城乡发展一体化体制机制	郭金龙、黄兴国、周本顺分别谈了近年来北京、天津、河北在健全城乡发展一体化体制机制方面所做工作，并谈了意见和建议
第二十三次	2015 年 5 月 29 日	健全公共安全体系	杨焕宁、陈晓华、李立国、杨栋梁、毕井泉先后发言，他们结合本部门工作谈了公共安全面临的形势、存在的问题和下一步工作打算
第二十四次	2015 年 6 月 26 日	加强反腐倡廉法规制度建设	中央纪委宣传部部长肖培就这个问题进行讲解，并谈了意见和建议
第二十五次	2015 年 7 月 31 日	中国人民抗日战争的回顾和思考	军事科学院军事历史和百科研究部部长曲爱国同志就这个问题进行讲解，并谈了意见和建议
第二十六次	2015 年 9 月 11 日	践行"三严三实"	由中央政治局同志自学并交流体会，马凯、王沪宁、许其亮、李建国、赵乐际就这个问题作了重点发言，中央政治局各位同志听取了他们的发言，并就有关问题进行了讨论

场次	时间	主题	主要内容
第二十七次	2015 年 10 月 12 日	全球治理格局和全球治理体制	外交学院秦亚青教授就这个问题进行讲解，并谈了意见和建议，中共中央政治局各位同志认真听取了他的讲解
第二十八次	2015 年 11 月 23 日	马克思主义政治经济学基本原理和方法论	教育部社会科学委员会顾海良教授就这个问题进行讲解，并谈了意见和建议，中共中央政治局各位同志认真听取了他的讲解
第二十九次	2015 年 12 月 30 日	中华民族爱国主义精神的历史形成和发展	清华大学陈来教授就这个问题进行讲解，并谈了意见和建议。中共中央政治局各位同志认真听取了他的讲解
第三十次	2016 年 1 月 29 日	"十三五"时期我国经济社会发展的战略重点	这次中央政治局集体学习，由中央政治局同志自学并交流工作体会，刘延东、李源潮、汪洋、张春贤、韩正就这个问题作了重点发言
第三十一次	2016 年 4 月 29 日	历史上的丝绸之路和海上丝绸之路	中国社会科学院边疆研究所李国强研究员就这个问题进行讲解，并谈了意见和建议。中共中央政治局各位同志认真听取了他的讲解
第三十二次	2016 年 5 月 27 日	我国人口老龄化的形势和对策	徐绍史、李立国、尹蔚民、李斌分别就我国人口老龄化形势、加强和改进老龄工作、促进老龄事业发展谈了意见和建议
第三十三次	2016 年 6 月 28 日	严肃党内政治生活、净化党内政治生态	中共中央组织部高选民就这个问题进行讲解，并谈了意见和建议

续表

场次	时间	主题	主要内容
第三十四次	2016 年 7 月 26 日	深化国防和军队改革	中央军委深化国防和军队改革领导小组专家咨询组副组长蔡红硕同志就这个问题进行讲解，并谈了意见和建议
第三十五次	2016 年 9 月 27 日	二十国集团领导人峰会和全球治理体系变革	外交学院高飞教授就这个问题进行讲解，并谈了意见和建议
第三十六次	2016 年 10 月 9 日	实施网络强国战略	清华大学微电子与纳电子学系主任、微电子学研究所所长魏少军教授就这个问题进行讲解，并谈了意见和建议
第三十七次	2016 年 12 月 9 日	我国历史上的法治和德治	中国政法大学法律史学研究院院长朱勇教授就这个问题进行讲解，并谈了意见和建议

资料来源：中国共产党新闻网资料库

附表2　十八届中央政治局常委国内调研情况
(2012—2016 年)

2012 年

姓名	时间	时长/天	目的地	主题
习近平	11 月 30 日	1	北京	参加世界艾滋病日相关活动
	12 月 9 – 10 日	2	广东	主持经济工作座谈会
小计	2 次调研	3 天	2 省区市	
李克强	12 月 27 – 30 日	4	江西、湖北	做好中西部开放发展和扶贫攻坚
小计	1 次调研	4 天	2 省区市	
刘云山	12 月 1 日	1	北京	以好作风好文风把学习十八大精神引向深入
小计	1 次调研	1 天	1 省区市	

合计：习近平总书记共进行国内调研 2 次，累计赴 2 省、用时 3 天；七常委合计调研 4 次，累计赴 5 省·人·次，用时 8 天。本表系作者根据人民网领导人活动报道集整理，其他年份来源相同。

2013 年

姓名	时间	时长/天	目的地	主题
习近平	2 月 2 – 5 日	4	甘肃	看望慰问各族干部群众，并向全国各族人民表达美好的新春祝福，亲切看望部队官兵和科技工作者
	2 月 8 日	1	北京	到地铁施工现场、派出所、环卫站、出租客运公司、看望慰问坚守岗位的一线劳动者
	4 月 8 – 10 日	3	海南	深入海南的渔村渔港、特色农业产业园、国际邮轮港、驻琼部队考察调研

姓名	时间	时长/天	目的地	主题
习近平	5月14-15日	2	天津	调研经济发展与保障改善民生
	5月21-23日	3	四川	到四川芦山地震灾区考察，看望慰问受灾群众
	7月11-12日	2	河北	实地调研指导第一批教育实践活动
	7月17日	1	北京	到中国科学院考察，强调深化科技体制改革、增强科技创新活力
	7月21-23日	3	湖北	全面深化改革问题和当前经济运行情况
	8月28-31日	4	辽宁	深入实施创新驱动发展战略、为振兴老工业基地增添原动力，同时考察沈阳战区部队
	11月3-5日	3	湖南	深化改革开放推进创新驱动、实现全年经济发展目标
	11月24-28日	5	山东	强调全面深化改革、对全面建成小康社会、实现中华民族伟大复兴意义重大而深远，同时考察济南军区
	12月15日	1	北京	前往北京航天飞行控制中心观看嫦娥三号着陆器
	12月28日	1	北京	深入北京市供热企业和敬老院，考察民生工作，看望一线职工，慰问老年群众，向全国一线职工表示慰问，向全国老年群众致以祝福
小计	13次调研	33天	10省区市	
李克强	1月15日	1	北京	来到国家粮食局学科研究院考察
	2月3-5日	3	内蒙古	看望返乡农民工，走访棚户区居民和山区贫困农牧民，探望光荣院老战士，慰问各族干部群众
	3月27-29日	3	江苏、上海	在江苏考察农业现代化与新型城镇化，在上海主持召开部分省市经济形势座谈会

姓名	时间	时长/天	目的地	主题
李克强	4月28日	1	北京	考察中国疾病预防控制中心
	6月7-8日	2	河北	深入农村、企业、大学、环境监测点，围绕经济社会发展中的热点难点问题开展调研
	6月17日	1	北京	国家审计署，进一步强化审计工作
	7月8-9日	2	广西	强调区域经济一体化，让北部湾经济区成为向东盟开放的一个战略支点
	8月17-19日	3	甘肃	深入乡村农户、基层医院，实地考察地震灾情，亲切看望受灾群众，并走进企业单位、项目工地、大学校园，就经济社会发展情况进行深入调研
	9月3日	1	广西	铺就面向东盟的海上丝绸之路，打造带动腹地发展的战略支点
	9月9日	1	大连	教师节来临之际，看望师生，与基层教师座谈
	11月4-5日	2	黑龙江	心系黑龙江灾后安置重建和现代农业改革难忘时刻
	11月27日	1	天津	考察调研民生改善与革命发展情况
小计	12次调研	21天	10省区市	
张德江	3月21-22日	2	天津	调研中小企业
	4月15-17日	3	山东	全面推进依法治国、加快建设法治国家
	5月30日-6月1日	3	广东	坚持科学立法民主立法、切实提高立法质量
	11月22-25日	4	云南	学习贯彻十八届三中全会精神、扎实推进县级人大工作完善发展

姓名	时间	时长/天	目的地	主题
张德江	12月19日	1	北京	调研《中国人大》杂志社，看望干部职工，并召开人大新闻宣传工作座谈会
小计	5次调研	13天	5省区市	
俞正声	1月17-18日	2	四川	看望慰问各族干部群众，就新形势下进一步做好民族地区工作广泛听取意见和建议
	1月21-23日	3	北京	走访在京的全国性宗教团体，向全国宗教界人士致以新春祝福
	3月24-27日	4	贵州	凝心聚力推动科学发展、团结奋斗加快后发赶超
	4月3日	1	北京	调研人民政协报社，强调充分认识进一步做好新形势下政协新闻宣传工作的重要性
	5月23-28日	6	新疆	全面贯彻中央决策部署，扎实做好稳疆兴疆工作
	6月14-16日	3	福建	深化对台经贸交流合作、促进两岸关系和平发展
	7月7-9日	3	甘肃	加快发展改善民生、确保藏区繁荣稳定
	8月1-6日	6	西藏	代表党中央和习近平总书记亲切看望慰问各族干部群众，就发展稳定工作进行考察调研
	10月25-27日	3	广西	出席第九届两岸经贸文化论坛，考察广西经济发展与少数民族工作
小计	9次	31天	8省区市	

姓名	时间	时长/天	目的地	主题
刘云山	1月11－14日	4	陕西	就贯彻落实党的十八大精神、开展群众路线教育实践活动进行调研
	3月28－29日	2	天津	了解经济社会发展情况，贯彻落实党的十八大和全国两会精神，推进改革发展和基层党建工作
	4月20－22日	3	江苏	就做好新形势下的党建工作深入企业、农村、社区调研
	5月17－20日	4	河南	瞻仰革命遗址，看望老党员老红军，走访基层干部群众，听取对党建工作的意见建议；就农村养老进行调研
	6月8日	1	北京	视察文化创意企业，深入了解文化改革发展情况
	7月10－12日	3	浙江	了解党员干部队伍作风建设情况，了解基层组织和窗口单位服务群众情况
	8月23－24日	2	贵州	就开展教育实践活动和做好群众工作进行调研
	11月15－17日	3	山东	深入企业、社区、农村和文化单位，就学习贯彻十八届三中全会精神，调研了解基层情况，面对面听取干部群众意见
小计	8次	22天	8省区市	
王岐山	7月8－10日	3	黑龙江	调研指导党的群众路线教育实践活动
	9月2日	1	北京	中央纪委监察部网站正式开通，到网站调研
	9月6日	1	天津	就深入落实八项规定精神、纠正享乐主义和奢靡之风进行调研
	11月22－23日	2	湖北	贯彻落实党的十八届三中全会精神，为筹备中央纪委三次全会开展调查研究、听取意见建议
小计	4次	7天	4省区市	

姓名	时间	时长/天	目的地	主题
张高丽	3月18-22日	5	北京	到国家发展改革委、财政部、住房和城乡建设部、环境保护部、国土资源部、国务院发展研究中心、国家税务总局、国家统计局、三峡办、南水北调办调研,做好今年经济社会发展工作
	3月28日	1	北京	在科兴、百度、联想、曙光等企业了解生产经营情况,召开企业家座谈会,共商促进经济持续健康发展大计
	4月6-9日	4	山西	了解经济运行和结构调整、节能减排、环境保护等方面情况,考察保障性住房、城镇化建设等民生工作
	5月13-14日	2	内蒙古自治区	考察了包钢、京东方、神华、鄂尔多斯羊绒集团等企业,了解经济运行、结构调整、环境保护等方面情况
	7月5-8日	4	四川	调研当前经济形势,召开会议部署芦山地震灾后重建工作;在第一批党的群众路线教育实践活动中的联系点四川省,调研指导教育实践活动
	7月20-21日	1	贵州	了解经济运行、生态建设、科技创新、民生保障、新农村建设等方面情况
	9月3日	1	北京	调研大气污染防治工作,实地考察了北京石景山热电厂、西北热电中心建设项目和环境监测站,了解散煤、汽车、扬尘等污染治理情况

姓名	时间	时长/天	目的地	主题
张高丽	11月1-4日	4	上海、浙江	在中国（上海）自由贸易试验区考察建设进展情况；了解经济运行、城乡建设、环境保护、民生保障等情况；强调东部地区要带头转型升级提高经济发展质量和效益
小计	8次	22天	7省区市	

合计：习近平总书记共进行国内调研13次，累计赴10省、用时33天；七常委合计调研59次，累计赴52省·人·次，用时149天。

2014年

姓名	时间	时长/天	目的地	主题
习近平	1月26-28日	3	内蒙古	关心群众生活和地方发展
	2月25-26日	2	北京	就全面深化改革、推动首都更好发展特别是破解特大城市发展难题进行考察调研
	3月17-18日	2	河南兰考	调研指导党的群众路线教育实践活动
	4月14日	1	空军机关（北京）	就空军建设和军事斗争准备进行调研
	4月27-30日	4	新疆多地	对做好新疆维护社会稳定、推进跨越式发展、保障和改善民生、促进民族团结、加强党的建设等工作进行调研指导
	5月4日	1	北京大学	代表党中央向全国各族青年致以节日问候
	5月9-10日	2	河南各地	考察调研经济社会发展和基层党的群众路线教育实践活动情况
	5月23-24日	2	上海	考察调研经济社会发展情况

姓名	时间	时长/天	目的地	主题
习近平	5月30日	1	北京市海淀区民族小学	了解学校开展培育和践行社会主义核心价值观教育活动情况
	7月30日	1	福建省军区	看望慰问部队官兵和双拥模范代表
	8月15日	1	南京	看望参加本届青奥会的中国体育代表团
	9月9日	1	北京师范大学	看望教师学生，观摩课堂教学，进行座谈交流
	11月1-2日	2	福建多地	就推动经济社会发展、推进依法治国、推进作风建设进行深入调研
	12月13-14日	2	江苏多地及南京军区	就经济社会发展、保障和改善民生考察调研
	12月20日	1	澳门	出席庆祝澳门回归祖国15周年活动并视察驻澳部队、澳门大学横琴新校区
小计	15次	26天	9省区市	
李克强	1月26-28日	3	陕西多地	代表党中央国务院向广大干部群众致以新春祝福
	3月26-28日	3	辽宁、内蒙古	贯彻全国两会精神，推动落实政府工作报告确定的任务，聚起促改革调结构惠民生的强大动力，保持经济平稳运行和实现持续增长
	4月10-11日	2	海南	出席博鳌亚洲论坛年会，深入海南基层考察调研
	4月27-29日	3	重庆	就西部开发开放进行调研，实地考察长江黄金水道建设
	5月22-23日	2	内蒙古赤峰市	就推动经济稳定增长民生持续改善考察调研
	5月30日	1	八一儿童医院	看望残疾孤儿，并向全国少年儿童祝贺节日

姓名	时间	时长/天	目的地	主题
李克强	7月3-4日	2	湖南多地	深入工地、车间、粮库等一线和校园考察调研
	7月24-25日	2	山东多地	就新型城镇化与农业现代化建设进行考察
	8月4日	1	云南鲁甸	察看灾情，现场指挥抗震救灾工作
	8月22日	1	铁路总公司（北京）	就铁总转企改制情况进行调研
	8月28日	1	南京（青奥会场地）	专程看望青奥会志愿者代表，向中外志愿者表示亲切慰问
	9月11日	1	天津	出席夏季达沃斯论坛并就推动简政放权、转变政府职能、创新驱动经济增长等进行考察调研
	9月18-19日	2	上海（自贸区）	就打造改革新高地，树立开放新标杆，培育中国经济发展新优势考察调研
	11月19-21日	3	浙江多地	就以创业创新驱动经济发展进行考察调研
	11月24日	1	水利部（北京）	考察并主持召开座谈会
	11月27日	1	国家博物馆（北京）	参观人居科学研究展
	11月28日	1	北京佑安医院	看望艾滋患者、防艾志愿者和医务人员
小计	17次	30天	13省区市	
张德江	3月24-26日	3	福建上杭	到党的群众路线教育实践活动联系点调研指导
	5月8-11日	4	浙江多地	就乡镇人大工作进行调研
	9月10-12日	3	贵州多地	就地方人民代表大会工作进行调研
小计	3次	10天	3省区市	

姓名	时间	时长/天	目的地	主题
俞正声	3月23-25日	3	云南武定	在党的群众路线教育实践活动联系点深入部分乡镇和窗口服务单位,实地指导教育实践活动
	3月26-30日	5	新疆多地	就新疆社会稳定、经济发展和兵团建设等问题考察调研,与各族干部群众共商改革发展稳定大计
	4月1日	1	中国政协文史馆	参观《你是这样的人——缅怀周恩来同志珍品展》
	5月16-17日	2	云南迪庆藏族自治州	深入乡镇社区、藏传佛教寺庙和藏文中学,与基层干部群众共商发展稳定大计
	6月6-9日	4	湖北多地	深入企业、科技园区,与基层干部群众共商改革发展大计
	8月18-21日	4	内蒙古多地	走进企业园区、高等院校、牧民新村,深入库布其沙漠防沙治沙一线,与各族干部群众共商改革发展大计
	9月12-15日	4	山东多地	深入学校企业、城乡社区、清真寺院,并多次召开座谈会,与学生老师共商教育培养工作,与基层干部群众共商发展稳定大计
	9月18日	1	中国政协文史馆	参观《开天辟地——中华人民共和国国旗国歌国徽诞生珍贵档案展》和《团结·和谐——庆祝人民政协成立65周年美术书法作品展》
小计	8次	24天	6省区市	
刘云山	3月23-24日	2	陕西礼泉	在群众路线教育实践活动联系点调研指导教育实践活动
	4月11-13日	3	湖北多地	就第二批教育实践活动和基层党的建设情况进行调研,听取基层干部群众意见建议

姓名	时间	时长/天	目的地	主题
刘云山	4月21－22日	2	辽宁多地	就第二批教育实践活动和基层党的建设情况开展调研
	5月19日	1	陕西多地	就陕西文化改革发展、建设文化强省进行调研
	6月29日	1	人民日报社	就做好新形势下宣传舆论工作进行调研
	7月17－19日	3	青海多地	就教育实践活动和基层党建工作进行调研
	8月31日	1	北京新国展	参观第21届北京国际图书博览会
	11月8－10日	3	重庆多地	就学习贯彻十八届四中全会精神进行调研
小计	8次	16天	6省区市	
王岐山	3月24－25日	2	山东蒙阴	在第二批教育实践活动联系点实地指导教育实践活动
	4月14日	1	中央直属机关工委、中央国家机关工委	就落实党风廉政建设主体责任和监督责任，深入推进党风廉政建设和反腐败斗争进行调研
	5月14日	1	山东临沂	考察调研经济社会发展和基层党风廉政建设情况
	7月3－4日	2	内蒙古锡林郭勒盟	就加强党风廉政建设和反腐败斗争，加强和改进巡视工作开展调研
小计	4次	6天	3省区市	
张高丽	1月3日	1	北京市多地	考察第三次全国经济普查登记工作
	3月31日－4月1日	2	河北多地	调研经济运行情况
	6月5日	1	中国环境科学研究院和中国环境监测总站	调研环保科技工作，看望一线科技工作者，并主持召开院士专家座谈会

续表

姓名	时间	时长/天	目的地	主题
张高丽	7月2-5日	4	宁夏、甘肃多地	就推进丝绸之路经济带建设，深入实施西部大开发战略展开调研
	7月17-19日	3	福建多地	就推进"一带一路"建设进行调研
	10月27日	1	江苏多地	了解经济运行、科技创新、中小企业发展等情况
	10月15-16日	2	浙江杭州	调研城市规划建设工作，主持召开全国城市规划建设工作座谈会
小计	7次	14天	7省区市	

合计：习近平总书记共进行国内调研15次，累计赴9省、用时26天；七常委合计调研62次，累计赴47省·人·次，用时126天。

2015 年

姓名	时间	时长/天	目的地	主题
习近平	1月19-21日	3	云南	看望鲁甸地震灾区干部群众，深入企业、工地、乡村考察，就灾后恢复重建和经济社会发展情况进行调研；视察驻昆明部队
	2月13-16日	4	陕西	来到陕西考察调研，向革命老区人民和全国各族人民祝贺新春；视察看望驻西安部队
	5月25-27日	3	浙江	深入企业、社区、国家战略石油储备基地等考察调研，就抓好经济社会发展、做好"十三五"规划编制工作进行指导；接见驻浙部队领导干部
	6月16-18日	3	贵州	深入农村、企业、学校、园区、红色教育基地，就做好扶贫开发工作、谋划好"十三五"时期经济社会发展进行调研考察

续表

姓名	时间	时长/天	目的地	主题
习近平	7月16－18日	3	吉林	深入农村、企业，深入广大干部群众，就振兴东北等地区老工业基地、谋划好"十三五"时期经济社会发展调研考察；视察第16集团军
	12月16日	1	浙江	出席第二届世界互联网大会开幕式并发表主旨演讲、视察"互联网之光"博览会
小计	6次	17天	5省区市	
李克强	1月4－6日	3	广东	了解广东改革开放新进展
	4月17日	1	北京	中国工商银行、国家开发银行
	5月7日	1	北京	中国科学院、中关村创业大街
	9月2日	1	大连	夏季达沃斯论坛
	9月23－25日	3	河南	推动大众创业万众创新形成企业和经济发展新动能　让新型城镇化与农业现代化相辅相成互促共进
小计	5次	9天	4省区市	
张德江	3月16日	1	北京	十二届全国人大三次会议新闻中心
	4月12－15日	4	河南	检查职业教育法实施
	4月25－27日	3	重庆	检查职业教育法实施
	9月6－7日	2	广东	广东调研并出席全国地方立法研讨会
小计	4次	10天	4省区市	
俞正声	3月25－27日	3	四川	推动经济社会全面发展　确保藏区长期繁荣稳定
	4月23－25日	3	南京	深化两岸经贸合作　更好造福两岸同胞
	9月9－10日	2	西藏	看望各族干部群众
	9月23日	1	北京	新疆维吾尔自治区成立60周年成就展

姓名	时间	时长/天	目的地	主题
俞正声	9月26－29日	4	新疆	看望慰问各族干部群众
	11月16－18日	3	湖南	深入实施精准扶贫脱贫 加快民族地区经济社会发展
小计	6次	16天	6省区市	
刘云山	2月11日	1	北京	看望国家最高科技奖获得者于敏、张存浩
	4月11－13日	3	广西	全面从严治党要求落实处 使基层党建进一步强起来
	5月8－11日	4	湖南	切实贯彻全面从严治党要求，深入推进思想政治建设和作风建设，锻造全面过硬的党员干部队伍，更好担负起推动改革发展稳定责任
	6月6－8日	3	福建	坚持知行合一 注重典型引领 扎实推进"三严三实"专题教育
	7月9－11日	3	宁夏	打牢思想根基 注重学用结合 增强"三严三实"专题教育实效
	8月5日	1	河北	看望慰问北戴河暑期休假专家
小计	6次	15天	6省区市	
王岐山	3月27－28日	2	河南	从严治党就要把纪律和规矩严起来 密切党同人民群众的联系
	5月8－10日	3	浙江	唤醒党章党规意识 推进制度创新
	7月8－10日	3	陕西	坚持纪严于法 实现纪法分开 推进全面从严治党制度创新
	9月24－26日	3	福建	全面从严治党严明党的纪律 把握运用监督执纪"四种形态"
小计	4次	11天	4省区市	

续表

姓名	时间	时长/天	目的地	主题
张高丽	3月26－27日	2	京津冀	调研京津冀协同发展有关工作
	4月22－23日	2	河南	调研南水北调工程建设管理有关工作
	4月23－24日	2	湖北	调研推进长江经济带建设工作
	5月27日	1	重庆	了解经济运行、推动长江经济带发展、创业就业和培育自主品牌等情况
	8月31日	1	北京	检查指导"9·3"纪念活动期间大气污染防治和空气质量保障工作
	9月11日	1	北京	出席京津冀协同发展专家咨询委员会阶段性总结大会并讲话
	9月16－18日	3	广西	了解经济运行、简政放权、棚户区改造、企业生产经营等情况，听取对"十三五"规划编制工作的意见
	10月22－23日	2	山东	在山东调研扶贫工作情况
	11月29日－12月1日	3	广东	在广东调研"一带一路"建设、自由贸易试验区建设、创新驱动发展等工作
小计	9次	17天	9省区市	

合计：习近平总书记共进行国内调研6次，累计赴5省、用时17天；七常委合计调研40次，累计赴38省·人·次，用时95天。

2016年

姓名	时间	时长/天	目的地	主题
习近平	1月4－6日	3	重庆	深入港口、企业考察调研，就贯彻落实党的十八届五中全会精神和中央经济工作会议精神进行指导

续表

姓名	时间	时长/天	目的地	主题
习近平	2月1—3日	3	江西	看望慰问广大干部群众和驻赣部队，祝全国各族人民健康快乐吉祥，祝改革发展人民生活蒸蒸日上，向全体解放军指战员、武警部队官兵、民兵预备役人员致以新春祝福
	2月19日	1	北京	考察《人民日报》社、新华社、中央电视台
	3月23日	1	北京	考察国防大学
	4月24—27日	3	安徽	深入农村、企业、高校、科研文化单位，就贯彻党的十八届五中全会精神、落实"十三五"规划纲要进行调研考察
	5月23—25日	3	黑龙江	就贯彻落实"十三五"规划纲要、推动东北地区等老工业基地振兴发展进行考察调研
	7月18—20日	3	宁夏	就落实"十三五"规划、推动经济社会发展、推进脱贫攻坚工作进行调研考察
	7月27日	1	北京	视察陆军机关
	7月28日	1	河北唐山	在唐山抗震救灾和新唐山建设40年之际，来到河北唐山市，就实施"十三五"规划、促进经济社会发展、加强防灾减灾救灾能力建设进行调研考察
	8月22—24日	3	青海	就贯彻落实"十三五"规划、加强生态环境保护、做好经济社会发展工作进行调研考察
	8月29日	1	北京	视察战略支援部队机关
	9月9日	1	北京	到北京市八一学校，看望慰问师生，向全国广大教师和教育工作者致以节日祝贺和诚挚问候

姓名	时间	时长/天	目的地	主题
习近平	9 月 23 日	1	北京	前往中国人民革命军事博物馆，参观"英雄史诗　不朽丰碑——纪念中国工农红军长征胜利 80 周年主题展览"
	9 月 26 日	1	北京	视察火箭军机关
	10 月 19 日	1	北京	参观第二届军民融合发展高技术成果展
	11 月 9 日	1	北京	视察载人航天工程指挥中心，同神舟十一号航天员通话
小计	16 次	28 天	8 省区市	
李克强	1 月 4 - 5 日	2	山西	在加快新旧动能转换中开拓发展新局面
	2 月 1 - 2 日	2	宁夏	向各族群众致以新春祝福
	4 月 1 日	1	北京	就全面实施营改增到国家税务总局、财政部考察并主持召开座谈会
	4 月 15 日	1	北京	清华大学、北京大学
	4 月 24 - 26 日	3	四川	始终坚持党的基本路线　奋力实现全面小康目标
	5 月 23 - 24 日	2	湖北	以改革创新增内生动力促发展升级
	6 月 20 日	1	北京	中国建设银行、中国人民银行考察并主持召开座谈会
	7 月 4 日	1	安徽	视察指导淮河防汛工作，深入了解群众生产生活情况
	7 月 5 日	1	湖南	视察防汛工作
	7 月 6 日	1	湖北	现场指挥抢险救灾
	8 月 23 - 24 日	3	江西	推动经济社会发展进行考察

续表

姓名	时间	时长/天	目的地	主题
李克强	10月10-12日	3	澳门	视察澳门特区政府总部,听取工作汇报,与社会各界座谈
	10月12-13日	2	广东	考察广东并出席全国大众创业万众创新活动周
	11月21-22日	2	上海	考察上海自贸试验区
小计	14次	25天	11省区市	
张德江	4月17-20日	4	湖北	在湖北省检查食品安全法实施情况
	5月7-9日	3	内蒙古	检查食品安全法实施情况
	5月17-19日	3	香港	对香港的经济社会发展和民生改善高度关注
	11月21-23日	3	四川	就制定民法总则进行调研并召开座谈会
小计	4次	30天	4省区市	
俞正声	3月28-30日	3	吉林	同各族干部群众共谋"十三五"发展良策。调研期间,俞正声还看望了吉林省政协机关干部
	4月22-24日	3	河南	考察了解基层宗教民族工作情况
	8月12-13日	2	西藏	考察当地发展稳定情况
	9月5-6日	2	天津	考察了解新的社会阶层人士和非公有制经济人士工作等情况
小计	4次	10天	4省区市	
刘云山	3月30日-4月1日	2	四川	党建工作和组织工作服务脱贫攻坚进行调研
	4月1-2日	2	云南	党建工作和组织工作服务脱贫攻坚进行调研
	4月22-25日	4	陕西	基层党建工作和"两学一做"学习教育进行调研
	5月21-23日	3	广东	基层党建工作和"两学一做"学习教育进行调研

姓名	时间	时长/天	目的地	主题
刘云山	6 月 19 – 20 日	2	上海	高校思想政治工作、精神文明建设和基层党建工作进行调研
	8 月 24 日	1	北京	北京国际图书博览会
	9 月 2 – 3 日	2	黑龙江	落实全面从严治党要求、加强基层党建工作进行调研
	11 月 16 – 18 日	3	浙江	调研基层学习贯彻十八届六中全会精神和基层党建工作
小计	8 次	19 天	8 省区市	
王岐山	12 月 5 – 6 日	2	江苏	调研并主持召开部分省（区）纪委书记座谈会，就明年工作和制定《中国共产党纪律检查机关监督执纪工作规则（试行）》征求意见
小计	1 次	2 天	1 省区市	
张高丽	1 月 4 日	1	北京	调研大气污染防治工作
	3 月 31 日 – 4 月 1 日	2	湖南	了解经济运行、棚户区改造、供给侧结构性改革、大众创业万众创新等情况
	5 月 23 – 24 日	2	江西	了解供给侧结构性改革、生态文明建设和环境保护等情况
	5 月 24 日	1	海南	了解供给侧结构性改革、生态文明建设和环境保护等情况
	6 月 16 – 17 日	2	辽宁	扎实推进东北地区等老工业基地全面振兴
	9 月 2 日	1	北京	京张铁路等冬奥会相关基础设施建设工作
	11 月 18 日	1	北京	在中国载人航天工程指挥中心观看神舟十一号飞船返回实况
小计	7 次	10 天	5 省区市	

合计：习近平总书记共进行国内调研 16 次，累计赴 8 省、用时 28 天；七常委合计调研 54 次，累计赴 41 省·人·次，用时 124 天。

附表3 十八届中央政治局常委参加多边会议情况
（2013—2016 年）

2013 年

姓名	时间	参加会议名称	会议重大议题
习近平	2013 年 3 月	金砖国家领导人第五次会晤	携手合作，共同发展
	2013 年 9 月	二十国集团领导人第八次峰会	凝聚在重大问题上的共识，加强团结合作
	2013 年 9 月	上海合作组织成员国元首理事会第十三次会议	把上海合作组织打造成成员国命运共同体和利益共同体
	2013 年 10 月	亚太经合组织第二十一次领导人非正式会议	发挥亚太引领作用，维护和发展开放型世界经济
李克强	2013 年 10 月	第十六次东盟与中日韩（10＋3）领导人会议	把握和平发展、互利合作的大方向，推动东亚经济一体化
	2013 年 10 月	第十六次中国－东盟（10＋1）领导人会议	就深化中国－东盟关系进行了深入讨论，提出合作框架设想，达成广泛共识
	2013 年 10 月	第八届东亚峰会	加强战略与经济合作，增强安全互信
	2013 年 11 月	第三届中国－中东欧国家经贸论坛	有效实施"布加勒斯特纲要"，推动中国与中东欧国家全方位、宽领域、多层次互利合作
	2013 年 11 月	上海合作组织成员国总理第十二次会议	打造上合国间安全、便利、互惠和绿色的发展环境
张高丽	2013 年 6 月	第十七届圣彼得堡国际经济论坛	凝聚共识，扩大合作，共同发展

注：十八届中共中央政治局常委出席的双边会议未予统计。本表系作者根据人民网领导人活动报道集有关信息整理，其他年份来源相同。

2014 年

姓名	时间	参加会议名称	会议重大议题
习近平	2014 年 3 月	第三届核安全峰会	加强核安全、防范核恐怖主义
	2014 年 6 月	2014 年国际工程科技大会（北京）	发表主旨演讲，强调工程科技是改变世界的重要力量，发展科学技术是人类应对全球挑战、实现可持续发展的战略选择
	2014 年 7 月	金砖国家领导人第六次会晤	实现包容性增长的可持续解决方案
	2014 年 9 月	上合组织成员国元首理事会第十四次会议	凝心聚力 精诚协作 推动上海合作组织再上新台阶
	2014 年 11 月	亚太经合组织第二十二次领导人非正式会议（北京）	各成员领导人围绕"共建面向未来的亚太伙伴关系"主题深入交换意见，共商区域经济合作大计，达成广泛共识
	2014 年 11 月	二十国集团领导人第九次峰会	经济增长、就业与抗风险
李克强	2014 年 11 月	第十七次中国－东盟（10＋1）领导人会议	充分沟通，集思广益，为进一步拓展中国－东盟合作凝聚更多共识
	2014 年 11 月	第十七次东盟与中日韩（10＋3）领导人会议	加强 10＋3 务实合作 朝着东亚共同体的目标稳步迈进
	2014 年 11 月	第九届东亚峰会	东亚一体化进程的相关战略性问题以及共同关心的地区和全球问题
	2014 年 12 月	上海合作组织成员国政府首脑理事会第十三次会议	加强协调配合，发挥互补优势，扩大安全、经济、人文等领域交流合作，共同推进丝绸之路经济带建设

续表

姓名	时间	参加会议名称	会议重大议题
李克强	2014 年 12 月	第三次中国－中东欧国家领导人会晤	推进中国－中东欧国家合作
	2014 年 12 月	大湄公河次区域经济合作第五次领导人会议	促进可持续和包容性发展，发掘新的增长动力和合作模式
张高丽	2014 年 8 月	第二次中国－中东欧国家地方领导人会议	推动建立中国－中东欧地方省（州）长联合会的谅解备忘录
	2014 年 9 月	联合国气候峰会	采取行动，应对气候变化，致力于在 2015 年达成一项新的气候协议

2015 年

姓名	时间	参加会议名称	会议重大议题
习近平	2015 年 4 月	亚非领导人会议、万隆会议 60 周年纪念活动	弘扬万隆精神，增进中国同广大发展中国家团结合作，推动构建合作共赢的新型国际关系
	2015 年 7 月	金砖国家领导人第七次会晤、上海合作组织成员国元首理事会第十五次会议	深化金砖国家团结合作，引领上合组织深入发展，推升重要双边关系
	2015 年 9 月	联合国成立 70 周年系列峰会	倡议建立新型国际关系
	2015 年 11 月	二十国集团领导人第十次峰会、亚太经合组织第二十三次领导人非正式会议	深化伙伴关系
	2015 年 12 月	中非合作论坛约翰内斯堡峰会	中非携手并进：合作共赢、共同发展
	2015 年 12 月	巴黎气候变化大会	携手构建合作共赢、公平合理的气候变化治理机制

姓名	时间	参加会议名称	会议重大议题
李克强	2015 年 1 月	达沃斯世界经济论坛年会	维护和平稳定
	2015 年 4 月	亚洲－非洲法律协商组织第 54 届年会开幕式	发扬万隆精神，共同推动世界和平发展与公平正义
	2015 年 7 月	第十七次中国欧盟领导人会晤	本着相互尊重、平等互信、互利合作的原则，深化和平、增长、改革、文明四大伙伴关系，全面落实《中欧合作 2020 战略规划》
	2015 年 10 月	第六次中日韩领导人会议	推动结构性改革、加强创新驱动、扩大相互开放，通过深化合作促进本国经济升级发展，进而带动东亚乃至亚洲经济平稳增长
	2015 年 11 月	第十八次东盟与中日韩（10＋3）领导人会议	加快推进东亚经济一体化进程
	2015 年 11 月	第十届东亚峰会	继续坚持东盟主导地位，保障大小国家平等参与地区事务；继续坚持发展和安全"双轮驱动"
	2015 年 11 月	第十八次中国－东盟（10＋1）领导人会议	推动政治互信有新的提升，深化经贸、人文等各领域务实合作，努力建设更加紧密的中国－东盟命运共同体
张德江	2015 年 6 月	中俄议会合作委员会机制性会议	进一步加大相互支持，为增进战略互信筑牢政治基础；进一步加强经验交流，为各自国家发展振兴提供有益借鉴
	2015 年 6 月	金砖国家议长首次会议	秉承开放、包容、合作、共赢的精神，加强交流合作，在应对全球政治经济问题、促进人类和平发展中发挥建设性作用
	2015 年 9 月	第四次世界议长大会	倾听人民呼声，建设更加公正民主的世界

续表

姓名	时间	参加会议名称	会议重大议题
张高丽	2015 年 6 月	中俄投资合作委员会第二次会议	运用好中俄合作机制，推动中俄务实合作不断取得新成果，为中俄关系发展做出新的贡献
	2015 年 6 月	第十九届圣彼得堡国际经济论坛	开放合作 创新发展 促进世界经济稳定增长
	2015 年 10 月	中新双边合作机制年度会议（新加坡）	保持高层密切交往，增加政治互信，深挖务实合作潜力，加强双方合作

2016 年

姓名	时间	参加会议名称	会议重大议题
习近平	2016 年 3 月	第四届核安全峰会（华盛顿）	加强国际核安全体系
	2016 年 4 月	亚洲相互协作与信任措施会议第五次外长会议开幕式（北京）	凝聚共识，促进对话，共创亚洲和平与繁荣的美好未来
	2016 年 6 月	上合组织成员国元首理事会第十六次会议（塔什干）	弘扬上海精神，巩固团结互信，全面深化合作
	2016 年 9 月	二十国领导人杭州峰会（杭州）	构建创新、活力、联动、包容的世界经济
	2016 年 9 月	金砖国家领导人非正式会晤（杭州）	在开放、团结、平等、相互理解、包容、互利合作等原则指引下，进一步加强战略伙伴关系
	2016 年 10 月	金砖国家领导人第八次会晤（果阿）	坚定信心，共谋发展
	2016 年 11 月	秘鲁 APEC 峰会	高质量增长和人类发展
	2016 年 11 月	亚太经合组织工商领导人峰会	深化伙伴关系，增强发展动力，实现亚太共同发展繁荣

姓名	时间	参加会议名称	会议重大议题
李克强	2016 年 3 月	博鳌亚洲论坛 2016 年会（博鳌）	携手合作，加快培育各国经济新动能，共同打造地区发展新愿景
	2016 年 3 月	澜沧江 - 湄公河合作首次领导人会议（三亚）	同饮一江水，命运紧相连
	2016 年 5 月	第一届世界旅游发展大会（北京）	加强与各国的交流与协作，共同推动承载着世界和平与发展希望的旅游之舟破浪前行
	2016 年 6 月	2016 年夏季达沃斯论坛开幕式（天津）	营造稳定的国际环境，积极实施结构性改革，加快经济转型升级，推进高效有序的全球治理，构建更加公平、公正、开放的国际经济体系
	2016 年 7 月	十一届中欧工商峰会（北京）	推进落实"2 + 7 合作框架"，大力加强人文交流，不断为双方合作注入新动力
	2016 年 7 月	第十一届亚欧首脑会议（乌兰巴托）	亚欧伙伴二十载，互联互通创未来
	2016 年 9 月	第 71 届联大系列高级别会议（纽约）	可持续发展目标：共同努力改造我们的世界
	2016 年 9 月	第十一届东亚峰会（万象）	支持东盟中心地位，奉行协商一致、照顾各方舒适度等"东盟方式"，积极务实地推动对话合作
	2016 年 9 月	第十九次中国 - 东盟（10 + 1）领导人会议暨中国 - 东盟建立对话关系 25 周年纪念峰会（万象）	加强战略沟通，推进落实"2 + 7 合作框架"，加强人文交流，共同建设中国 - 东盟命运共同体
	2016 年 10 月	中国 - 葡语国家经贸合作论坛第五届部长级会议开幕式（澳门）	共筑坚实经贸关系，打造友好合作典范

姓名	时间	参加会议名称	会议重大议题
李克强	2016 年 11 月	中国－中东欧国家经贸论坛	做长期稳定合作共赢的好伙伴
	2016 年 11 月	上海合作组织成员国政府首脑（总理）理事会第十五次会议	实现多赢、共赢，共同促进世界持久和平与共同繁荣
张德江	2016 年 3 月	各国议会联盟 134 届大会（卢萨卡）	共商合作，共促民主，共谋发展
	2016 年 5 月	"一带一路"高峰论坛（香港）	全新机遇
张高丽	2016 年 4 月	《巴黎协定》高级别签署仪式（纽约）	推进落实《巴黎协定》，共建人类美好家园
	2016 年 9 月	第十三届中国－东盟博览会暨中国－东盟商务与投资峰会（南宁）	推进 21 世纪海上丝绸之路建设，共筑更紧密的中国－东盟命运共同体

附表4　十八届中央政治局常委出国访问情况
（2013—2016 年）

2013 年

姓名	国家数	大洲数	备注
习近平	14 国	4 大洲	欧洲：俄罗斯 非洲：刚果、坦桑尼亚、南非 亚洲：土库曼斯坦、乌兹别克斯坦、吉尔吉斯斯坦、哈萨克斯坦、马来西亚、印度尼西亚 北美洲：美国、墨西哥、哥斯达黎加、特立尼达和多巴哥
李克强	9 国	2 大洲	亚洲：印度、巴基斯坦、文莱、泰国、越南、乌兹别克斯坦 欧洲：瑞士、德国、罗马尼亚
张德江	3 国	2 大洲	欧洲：俄罗斯、斯洛伐克 非洲：尼日利亚
俞正声	3 国	1 大洲	欧洲：芬兰、丹麦、瑞典
刘云山	4 国	2 大洲	欧洲：白俄罗斯、乌克兰 亚洲：斯里兰卡、柬埔寨
王岐山	3 国	3 大洲	欧洲：俄罗斯 亚洲：哈萨克斯坦 北美洲：美国
张高丽	1 国	1 大洲	欧洲：俄罗斯
合计	31 国	4 大洲	——

注：本表系作者根据人民网领导人活动报道集有关信息整理。出访国家和大洲数为扣除重复后的结果，本表其他年份亦做此处理。

2014 年

姓名	国家数	大洲数	备注
习近平	18 国	5 大洲	欧洲：俄罗斯、荷兰、法国、德国、比利时 亚洲：韩国、蒙古、马尔代夫、斯里兰卡、印度、塔吉克斯坦 南美洲：巴西、阿根廷、委内瑞拉 北美洲：古巴 大洋洲：澳大利亚、新西兰、斐济
李克强	13 国	3 大洲	非洲：埃塞俄比亚、尼日利亚、安哥拉、肯尼亚 欧洲：英国、希腊、德国、俄罗斯、意大利、塞尔维亚 亚洲：缅甸、哈萨克斯坦、泰国
张德江	3 国	2 大洲	北美洲：墨西哥 南美洲：秘鲁、哥伦比亚
俞正声	5 国	2 大洲	非洲：阿尔及利亚、摩洛哥 亚洲：巴林、约旦、越南
刘云山	4 国	1 大洲	欧洲：丹麦、芬兰、爱尔兰、葡萄牙
王岐山	无	无	无
张高丽	6 国	3 大洲	欧洲：俄罗斯、捷克、罗马尼亚、白俄罗斯 亚洲：土库曼斯坦 北美洲：美国
合计	46 国	6 大洲	——

2015 年

姓名	国家数	大洲数	备注
习近平	13 国	4 大洲	欧洲：法国、英国、俄罗斯、白俄罗斯 亚洲：越南、新加坡、土耳其、菲律宾、哈萨克斯坦、巴基斯坦 非洲：津巴布韦、南非 北美洲：美国

续表

姓名	国家数	大洲数	备注
李克强	10 国	3 大洲	南美洲：巴西、哥伦比亚、秘鲁、智利 欧洲：比利时、法国、西班牙、瑞士 亚洲：马来西亚、韩国
张德江	3 国	1 大洲	亚洲：老挝、韩国、印度
俞正声	2 国	1 大洲	亚洲：泰国、印度尼西亚
刘云山	1 国	1 大洲	亚洲：朝鲜
王岐山	无	无	无
张高丽	6 国	3 大洲	欧洲：立陶宛、塞尔维亚 亚洲：新加坡、越南、哈萨克斯坦 北美洲：美国
合计	29 国	5 大洲	——

2016 年

姓名	国家数	大洲数	备注
习近平	14 国	5 大洲	欧洲：塞尔维亚、波兰、捷克 亚洲：柬埔寨、孟加拉国、印度、乌兹别克斯坦、沙特阿拉伯、伊朗 非洲：埃及 北美洲：美国 南美洲：厄瓜多尔、秘鲁、智利
李克强	9 国	3 大洲	欧洲：俄罗斯、拉脱维亚、葡萄牙 亚洲：吉尔吉斯斯坦、哈萨克斯坦、老挝、蒙古 北美洲：加拿大、美国
张德江	7 国	3 大洲	欧洲：芬兰、法国 亚洲：越南、巴勒斯坦 非洲：赞比亚、卢旺达、肯尼亚
俞正声	3 国	1 大洲	非洲：加蓬、科特迪瓦、加纳

姓名	国家数	大洲数	备注
刘云山	3 国	2 大洲	欧洲：匈牙利、希腊 亚洲：蒙古
王岐山	无	无	无
张高丽	4 国	2 大洲	欧洲：俄罗斯 亚洲：阿塞拜疆、格鲁吉亚、亚美尼亚
合计	37 国	5 大洲	——

附表5　第十八届中共中央委员会全体会议和
中央纪律检查委员会全体会议
（2012—2016年）

中央全会		
期次	时间	主要内容
第一次	2012年11月15日	选举了中央政治局委员、中央政治局常务委员会委员、中央委员会总书记；根据中央政治局常务委员会的提名，通过了中央书记处成员，决定了中央军事委员会组成人员；批准了十八届中央纪律检查委员会第一次全体会议选举产生的书记、副书记和常务委员会委员人选
第二次	2013年2月26-28日	通过拟向十二届全国人大一次会议推荐的国家机构领导人员人选建议名单和拟向全国政协十二届一次会议推荐的全国政协领导人员人选建议名单，通过《国务院机构改革和职能转变方案》，建议国务院将这个方案提交十二届全国人大一次会议审议
第三次	2013年11月9-12日	听取和讨论了习近平受中央政治局委托作的工作报告，审议通过了《中共中央关于全面深化改革若干重大问题的决定》。习近平就《决定（讨论稿）》向全会作了说明
第四次	2014年10月20-23日	听取和讨论习近平受中央政治局委托作的工作报告，审议通过了《中共中央关于全面推进依法治国若干重大问题的决定》。习近平就《决定（讨论稿）》向全会作了说明
第五次	2015年10月26-29日	听取和讨论习近平受中央政治局委托作的工作报告，审议通过《中共中央关于制定国民经济和社会发展第十三个五年规划的建议》。习近平就《建议（讨论稿）》向全会作说明
第六次	2016年10月24-27日	听取和讨论习近平受中央政治局委托作的工作报告，审议通过《关于新形势下党内政治生活的若干准则》和《中国共产党党内监督条例》，审议通过《关于召开党的第十九次全国代表大会的决议》。习近平就《准则（讨论稿）》和《条例（讨论稿）》向全会作说明

中纪委全会		
期次	时间	主要内容
第一次	2012 年 11 月 15 日	全会选举了中央纪律检查委员会书记、副书记和常务委员会委员，报中央委员会批准
第二次	2013 年 1 月 21－22 日	分析了当前反腐倡廉形势，研究部署了 2013 年党风廉政建设和反腐败工作，审议通过了王岐山同志代表中央纪委常委会所作的《深入学习贯彻党的十八大精神，努力开创党风廉政建设和反腐败斗争新局面》的工作报告
第三次	2014 年 1 月 13－15 日 上午	回顾总结 2013 年党风廉政建设和反腐败工作，研究部署 2014 年任务，审议通过了王岐山同志代表中央纪委常委会所作的《聚焦中心任务，创新体制机制，深入推进党风廉政建设和反腐败斗争》的工作报告
第四次	2014 年 10 月 25 日	认真学习贯彻党的十八届四中全会精神，对纪检监察系统落实全会精神进行部署，推动党风廉政建设和反腐败斗争深入开展，为全面推进依法治国提供坚强有力保证
第五次	2015 年 1 月 12－14 日	深入学习贯彻习近平总书记系列重要讲话精神，回顾总结 2014 年党风廉政建设和反腐败工作，研究部署 2015 年任务，审议通过了王岐山同志代表中央纪委常委会所作的《依法治国依规治党，坚定不移推进党风廉政建设和反腐败斗争》的工作报告
第六次	2016 年 1 月 12－14 日	总结 2015 年纪律检查工作，部署 2016 年任务，审议通过了王岐山同志代表中央纪委常委会所作的《全面从严治党，把纪律挺在前面，忠诚履行党章赋予的神圣职责》的工作报告

注：本表系作者根据有关正式报道整理。

附表6 第十八届中央政治局会议情况统计
（2012—2016 年）

次数	时间	主题
2012 年（3 次）		
1	11 月 16 日	对学习宣传贯彻党的十八大精神进行研究部署
2	12 月 4 日	审议关于改进工作作风、密切联系群众的有关规定，分析研究 2013 年经济工作
3	12 月 31 日	研究部署党风廉政建设和反腐败工作
2013 年（10 次）		
1	1 月 28 日	研究部署加强新形势下党员发展和管理工作
2	2 月 23 日	决定召开十八届二中全会，确定十八届二中全会的议题
3	4 月 19 日	研究部署在全党深入开展党的群众路线教育实践活动工作
4	6 月 22 – 25 日	对照检查中央八项规定落实情况讨论研究深化改进作风举措
5	7 月 30 日	讨论研究当前经济形势和下半年经济工作
6	8 月 27 日	决定召开十八届三中全会。研究部署了建立健全惩治和预防腐败体系、地方政府职能转变和机构改革等工作
7	9 月 30 日	审议并同意印发《科学发展观学习纲要》
8	10 月 29 日	审议并同意签发《党政机关厉行节约反对浪费条例》，决定中国共产党第十八届中央委员会第三次全体会议于 11 月 9 日至 12 日在北京召开
9	12 月 3 日	分析研究 2014 年经济工作，听取第二次全国土地调查情况汇报
10	12 月 31 日	决定成立中央全面深化改革领导小组，由习近平任组长；研究部署党风廉政建设和反腐败工作，同意明年 1 月召开第十八届中央纪律检查委员会第三次全体会议；审议通过《党政领导干部选拔任用工作条例》

续表

次数	时间	主题
\multicolumn{3}{c}{2014 年（10 次）}		
1	1 月 24 日	研究决定中央国家安全委员会设置；听取关于一年来贯彻执行中央八项规定情况的汇报，研究部署下一步改进作风工作。中共中央总书记习近平主持会议
2	2 月 24 日	讨论国务院拟提请第十二届全国人民代表大会第二次会议审议的《政府工作报告》稿
3	4 月 25 日	研究当前经济形势和经济工作
4	5 月 26 日	研究进一步推进新疆社会稳定和长治久安工作
5	6 月 30 日	审议《深化财税体制改革总体方案》、《关于进一步推进户籍制度改革的意见》、《党的纪律检查体制改革实施方案》
6	7 月 29 日	决定召开十八届四中全会，讨论研究当前经济形势和下半年经济工作
7	8 月 29 日	审议通过《深化党的建设制度改革实施方案》、《中央管理企业负责人薪酬制度改革方案》、《关于合理确定并严格规范中央企业负责人履职待遇、业务支出的意见》、《关于深化考试招生制度改革的实施意见》
8	9 月 30 日	研究全面推进依法治国重大问题，总结全党深入开展党的群众路线教育实践活动，研究部署巩固扩大教育实践活动成果工作，决定十八届四中全会于 10 月 20 日至 23 日在北京召开
9	12 月 5 日	分析研究 2015 年经济工作
10	12 月 29 日	听取中央纪律检查委员会 2014 年工作汇报，研究部署 2015 年党风廉政建设和反腐败工作；审议通过《关于加强社会主义协商民主建设的意见》、《关于加强和改进党的群团工作的意见》
\multicolumn{3}{c}{2015 年（13 次）}		
1	1 月 23 日	审议通过《国家安全战略纲要》；听取全国人大常委会、国务院、全国政协、最高人民法院、最高人民检察院党组向中央政治局常委会汇报工作的综合情况报告；听取关于 2014 年贯彻执行中央八项规定情况的汇报，研究部署下一步改进作风工作

次数	时间	主题
2	2 月 12 日	讨论国务院拟提请第十二届全国人民代表大会第三次会议审议的《政府工作报告》稿，审议《关于巡视 31 个省区市和新疆生产建设兵团情况的专题报告》
3	3 月 24 日	审议通过《关于加快推进生态文明建设的意见》，审议通过广东、天津、福建自由贸易试验区总体方案、进一步深化上海自由贸易试验区改革开放方案
4	4 月 30 日	分析研究当前经济形势和经济工作，审议通过《中国共产党统一战线工作条例（试行）》、《京津冀协同发展规划纲要》
5	5 月 29 日	审议通过《中国共产党党组工作条例（试行）》
6	6 月 26 日	审议通过《中国共产党巡视工作条例（修订稿）》、《关于推进领导干部能上能下的若干规定（试行）》
7	7 月 20 日	决定今年 10 月在北京召开中国共产党第十八届中央委员会第五次全体会议，主要议程是，中共中央政治局向中央委员会报告工作，研究关于制定国民经济和社会发展第十三个五年规划的建议
8	7 月 30 日	分析研究当前经济形势和经济工作，研究进一步推进西藏经济社会发展和长治久安工作，决定设立中央统一战线工作领导小组
9	9 月 11 日	审议通过了《生态文明体制改革总体方案》、《关于繁荣发展社会主义文艺的意见》
10	10 月 12 日	研究制定国民经济和社会发展第十三个五年规划重大问题，审议通过《中国共产党廉洁自律准则》、《中国共产党纪律处分条例》
11	11 月 23 日	审议《关于打赢脱贫攻坚战的决定》、《关于加强和改进新形势下党校工作的意见》，听取关于巡视五十五家国有重要骨干企业有关情况的专题报告

次数	时间	主题
12	12 月 14 日	分析研究 2016 年经济工作，研究部署城市工作，审议通过《关于建立健全党和国家功勋荣誉表彰制度的意见》、《中国共产党地方委员会工作条例》、《关于实施全面两孩政策改革完善计划生育服务管理的决定》
13	12 月 30 日	听取中央纪律检查委员会 2015 年工作汇报，研究部署 2016 年党风廉政建设和反腐败工作；审议通过《关于全面振兴东北地区等老工业基地的若干意见》
2016 年（12 次）		
1	1 月 29 日	审议《中央政治局常委会听取和研究全国人大常委会、国务院、全国政协、最高人民法院、最高人民检察院党组工作汇报和中央书记处工作报告的综合情况报告》
2	2 月 22 日	讨论国务院拟提请第十二届全国人民代表大会第四次会议审议的政府工作报告稿和审查的中华人民共和国国民经济和社会发展第十三个五年规划纲要草案稿
3	3 月 25 日	审议通过《关于经济建设和国防建设融合发展的意见》、《长江经济带发展规划纲要》
4	4 月 29 日	分析研究当前经济形势和经济工作
5	5 月 27 日	研究部署规划建设北京城市副中心和进一步推动京津冀协同发展有关工作
6	6 月 28 日	审议通过《中国共产党问责条例》
7	7 月 26 日	决定 2016 年 10 月在北京召开中国共产党第十八届中央委员会第六次全体会议；分析研究当前经济形势，部署下半年经济工作
8	8 月 26 日	审议通过"健康中国 2030"规划纲要
9	9 月 27 日	会议决定，中国共产党第十八届中央委员会第六次全体会议于 10 月 24 日至 27 日在北京召开；中共中央政治局听取了《关于新形势下党内政治生活的若干准则》、《中国共产党党内监督条例》稿在党内外一定范围征求意见的情况报告，决定根据这次会议讨论的意见进行修改后将文件稿提请十八届六中全会审议

续表

次数	时间	主题
10	10 月 28 日	分析研究当前经济形势和经济工作
11	11 月 30 日	审议通过规范党和国家领导人有关待遇等文件、《中国共产党工作机关条例（试行）》、《关于县以上党和国家机关党员领导干部民主生活会的若干规定》
12	12 月 9 日	分析研究 2017 年经济工作，审议通过《关于加强国家安全工作的意见》

资料来源：中国共产党新闻网资料库

附表7 中央经济工作会议情况

（2012—2016 年）

次数	时间	主题
1	2012 年 12 月 15 - 16 日 （2 天）	强调要继续把握好稳中求进的工作总基调，立足全局，突出重点，扎扎实实开好局，做好 2013 年经济工作。会议提出了 2013 年经济工作的主要任务：加强和改善宏观调控，促进经济持续健康发展；夯实农业基础，保障农产品供给；加快调整产业结构，提高产业整体素质；积极稳妥推进城镇化，着力提高城镇化质量；加强民生保障，提高人民生活水平；全面深化经济体制改革，坚定不移扩大开放
2	2013 年 12 月 10 - 13 日 （4 天）	强调做好 2014 年经济工作，最核心的是要坚持稳中求进、改革创新，必须要全面认识持续健康发展和生产总值增长的关系，必须继续实施积极的财政政策和稳健的货币政策。提出了 2014 年经济工作六大任务：切实保障国家粮食安全，大力调整产业结构，着力防控债务风险，积极促进区域协调发展，着力做好保障和改善民生工作，不断提高对外开放水平
3	2014 年 12 月 9 - 11 日 （3 天）	要历史地、辩证地认识我国经济发展的阶段性特征，要从消费需求、投资需求、出口和国际收支、生产能力和产业组织方式、生产要素相对优势、市场竞争特点、资源环境约束、经济风险积累和化解以及资源配置模式和宏观调控方式等 9 个方面，准确把握经济发展新常态。2015 年经济工作的总体要求是坚持稳中求进工作总基调，坚持以提高经济发展质量和效益为中心，主动适应经济发展新常态，保持经济运行在合理区间，把转方式调结构放到更加重要位置，狠抓改革攻坚，突出创新驱动，强化风险防控，加强民生保障，促进经济平稳健康发展和社会和谐稳定

次数	时间	主题
4	2015 年 12 月 18 – 21 日 （4 天）	2016 年经济社会发展特别是结构性改革任务十分繁重，战略上要坚持稳中求进、把握好节奏和力度，战术上要抓住关键点，主要是抓好去产能、去库存、去杠杆、降成本、补短板五大任务
5	2016 年 12 月 14 – 16 日 （3 天）	强调要贯彻好稳中求进的工作总基调，要继续实施积极的财政政策和稳健的货币政策，要把防控金融风险放到更加重要的位置，下决心处置一批风险点，着力防控资产泡沫，提高和改进监管能力。会议指出要继续深化供给侧结构性改革，深入推进"三去一降一补"，深入推进农业供给侧结构性改革，着力振兴实体经济，促进房地产市场平稳健康发展，同时扎实推进以人为核心的新型城镇化

注：本表系作者根据新华网相关报道整理。

附表 8 新一届中央财经领导小组会议情况

（2014—2016 年）

次数	时间	出席常委	主要内容
1 - 4	未予公开报道		
5	2014 年 3 月	习近平等	与我国水资源安全相关
6	2014 年 6 月 13 日	习近平、李克强、张高丽	研究我国能源战略，推动能源生产和消费革命
7	2014 年 8 月 19 日	习近平、李克强、刘云山、张高丽	研究实施创新驱动发展战略，推动经济发展方式转变
8	2014 年 11 月 6 日	习近平、李克强、刘云山、张高丽	研究丝绸之路经济带和 21 世纪海上丝绸之路规划、发起建立亚洲基础设施投资银行和设立丝路基金
9	2015 年 2 月 10 日	习近平、李克强、刘云山、张高丽	听取中央财经领导小组确定的新型城镇化规划、粮食安全、水安全、能源安全、创新驱动发展战略、发起建立亚洲基础设施投资银行、设立丝路基金等重大事项贯彻落实情况的汇报，审议研究京津冀协同发展规划纲要
10	不详	习近平等	对做好扶贫开发工作、打赢脱贫攻坚战做出全面部署
11	2015 年 11 月 10 日	习近平、李克强、刘云山、张高丽	研究经济结构性改革和城市工作
12	2016 年 1 月 26 日	习近平、李克强、刘云山、张高丽	研究供给侧结构性改革方案、长江经济带发展规划、森林生态安全工作
13	2016 年 5 月 16 日	习近平、李克强、刘云山、张高丽	研究落实供给侧结构性改革、扩大中等收入群体工作
14	2016 年 12 月 21 日	习近平、李克强、刘云山、张高丽	研究"十三五"规划纲要确定的 165 项重大工程项目进展和解决好人民群众普遍关心的突出问题等工作

注：本表系作者根据相关报道整理。

附表9 中央全面深化改革领导小组会议情况

(2014—2016 年)

	时间	主要内容
1	2014 年 1 月 22 日	审议通过了《中央全面深化改革领导小组工作规则》、《中央全面深化改革领导小组专项小组工作规则》、《中央全面深化改革领导小组办公室工作细则》、《中央有关部门贯彻落实党的十八届三中全会〈决定〉重要举措分工方案》等，明确中央全面深化改革领导小组下设经济体制和生态文明体制改革、民主法制领域改革、文化体制改革、社会体制改革、党的建设制度改革、纪律检查体制改革6个专项小组
2	2014 年 2 月 28 日	审议通过了《中央全面深化改革领导小组 2014 年工作要点》、《关于十八届三中全会〈决定〉提出的立法工作方面要求和任务的研究意见》、《关于经济体制和生态文明体制改革专项小组重大改革的汇报》、《深化文化体制改革实施方案》、《关于深化司法体制和社会体制改革的意见及贯彻实施分工方案》
3	2014 年 6 月 6 日	审议了《深化财税体制改革总体方案》、《关于进一步推进户籍制度改革的意见》，审议通过了《关于司法体制改革试点若干问题的框架意见》、《上海市司法改革试点工作方案》、《关于设立知识产权法院的方案》等
4	2014 年 8 月 18 日	审议了《中央管理企业主要负责人薪酬制度改革方案》、《关于合理确定并严格规范中央企业负责人履职待遇、业务支出的意见》、《关于深化考试招生制度改革的实施意见》，审议通过了《关于推动传统媒体和新兴媒体融合发展的指导意见》、《党的十八届三中全会重要改革举措实施规划（2014—2020 年）》、《关于上半年全面深化改革工作进展情况的报告》等
5	2014 年 9 月 29 日	审议了《关于引导农村土地承包经营权有序流转发展农业适度规模经营的意见》、《积极发展农民股份合作赋予集体资产股份权能改革试点方案》、《关于深化中央财政科技计划（专项、基金等）管理改革的方案》

	时间	主要内容
6	2014 年 10 月 27 日	审议了《关于加强社会主义协商民主建设的意见》、《关于中国（上海）自由贸易试验区工作进展和可复制改革试点经验的推广意见》、《关于加强中国特色新型智库建设的意见》，审议通过了《关于国家重大科研基础设施和大型科研仪器向社会开放的意见》
7	2014 年 12 月 2 日	会议审议了《关于农村土地征收、集体经营性建设用地入市、宅基地制度改革试点工作的意见》、《关于加快构建现代公共文化服务体系的意见》、《关于县以下机关建立公务员职务与职级并行制度的意见》、《关于加强中央纪委派驻机构建设的意见》，审议通过了《最高人民法院设立巡回法庭试点方案》和《设立跨行政区划人民法院、人民检察院试点方案》
8	2014 年 12 月 30 日	审议通过了《关于 2014 年全面深化改革工作的总结报告》、《中央全面深化改革领导小组 2015 年工作要点》、《贯彻实施党的十八届四中全会决定重要举措 2015 年工作要点》
9	2015 年 1 月 30 日	审议通过了《关于贯彻落实党的十八届四中全会决定进一步深化司法体制和社会体制改革的实施方案》、《省（自治区、直辖市）纪委书记、副书记提名考察办法（试行）》、《中央纪委派驻纪检组组长、副组长提名考察办法（试行）》、《中管企业纪委书记、副书记提名考察办法（试行）》
10	2015 年 2 月 27 日	审议通过了《中国足球改革总体方案》、《关于领导干部干预司法活动、插手具体案件处理的记录、通报和责任追究规定》、《深化人民监督员制度改革方案》、《上海市开展进一步规范领导干部配偶、子女及其配偶经商办企业管理工作的意见》
11	2015 年 4 月 1 日	审议通过了《乡村教师支持计划（2015—2020 年）》、《关于城市公立医院综合改革试点的指导意见》、《人民陪审员制度改革试点方案》、《关于人民法院推行立案登记制改革的意见》、《党的十八届四中全会重要举措实施规划（2015—2020 年）》

	时间	主要内容
12	2015 年 5 月 5 日	审议通过了《关于在部分区域系统推进全面创新改革试验的总体方案》、《检察机关提起公益诉讼改革试点方案》、《关于完善法律援助制度的意见》、《深化科技体制改革实施方案》、《中国科协所属学会有序承接政府转移职能扩大试点工作实施方案》
13	2015 年 6 月 5 日	审议通过了《关于在深化国有企业改革中坚持党的领导加强党的建设的若干意见》、《关于加强和改进企业国有资产监督防止国有资产流失的意见》、《关于完善国家统一法律职业资格制度的意见》等
14	2015 年 7 月 1 日	审议通过了《环境保护督察方案（试行）》、《生态环境监测网络建设方案》、《关于开展领导干部自然资源资产离任审计的试点方案》、《党政领导干部生态环境损害责任追究办法（试行）》、《关于推动国有文化企业把社会效益放在首位、实现社会效益和经济效益相统一的指导意见》
15	2015 年 8 月 18 日	审议通过了《关于改进审计查出突出问题整改情况向全国人大常委会报告机制的意见》、《关于完善人民法院司法责任制的若干意见》、《关于完善人民检察院司法责任制的若干意见》、《统筹推进世界一流大学和一流学科建设总体方案》、《全面改善贫困地区义务教育薄弱学校基本办学条件工作专项督导办法》、《关于建立居民身份证异地受理挂失申报和丢失招领制度的意见》
16	2015 年 9 月 15 日	审议通过了《关于实行市场准入负面清单制度的意见》、《关于支持沿边重点地区开发开放若干政策措施的意见》、《关于推进价格机制改革的若干意见》、《关于鼓励和规范国有企业投资项目引入非国有资本的指导意见》、《关于深化律师制度改革的意见》、《法官、检察官单独职务序列改革试点方案》、《法官、检察官工资制度改革试点方案》、《关于加强外国人永久居留服务管理的意见》
17	2015 年 10 月 13 日	审议通过了《关于加强和改进行政应诉工作的意见》、《深化国税、地税征管体制改革方案》、《关于进一步推进农垦改革发展的意见》、《关于国有企业功能界定与分类的指导意见》、《关于完善矛盾纠纷多元化解机制的意见》

	时间	主要内容
18	2015 年 11 月 9 日	审议通过了《全国总工会改革试点方案》、《上海市群团改革试点方案》、《重庆市群团改革试点方案》、《关于加快实施自由贸易区战略的若干意见》、《关于促进加工贸易创新发展的若干意见》、《推进普惠金融发展规划（2016—2020年)》、《关于深入推进城市执法体制改革改进城市管理工作的指导意见》、《国家高端智库建设试点工作方案》
19	2015 年 12 月 9 日	审议通过了《国务院部门权力和责任清单编制试点方案》、《关于做好新时期教育对外开放工作的若干意见》、《关于整合城乡居民基本医疗保险制度的意见》、《关于解决无户口人员登记户口问题的意见》、《中国三江源国家公园体制试点方案》、《关于在全国各地推开司法体制改革试点的请示》、《公安机关执法勤务警员职务序列改革试点方案》、《公安机关警务技术职务序列改革试点方案》、《中央全面深化改革领导小组 2015 年工作总结报告》、《中央全面深化改革领导小组 2016 年工作要点》
20	2016 年 1 月 11 日	审议通过了《关于全面推进政务公开工作的意见》、《关于完善国家工作人员学法用法制度的意见》、《关于保护、奖励职务犯罪举报人的若干规定》、《关于开展承担行政职能事业单位改革试点的指导意见》、《科协系统深化改革实施方案》、《关于健全落实社会治安综合治理领导责任制的规定》、《关于规范公安机关警务辅助人员管理工作的意见》
21	2016 年 2 月 23 日	会议听取了《经济体制和生态文明体制改革专项小组关于生态文明体制改革总体方案推进落实情况汇报》、《社会体制改革专项小组关于司法体制改革推进落实情况汇报》、《党的纪律检查体制改革专项小组关于党的纪律检查体制改革推进落实情况汇报》、《全国人大常委会法工委关于立法主动适应改革需要推进落实情况汇报》、《科技部关于深化科技体制改革推进落实情况汇报》、《公安部关于深化公安改革推进落实情况汇报》、《上海市关于推进落实中央部署改革试点任务情况汇报》、《湖北省关于建立和实施改革落实督察机制情况汇报》、《福建省三明市关于深化医药卫生体制改革情况汇报》、《浙江省开化县关于"多规合一"试点情况汇报》

	时间	主要内容
22	2016 年 3 月 22 日	审议通过了《关于推行法律顾问制度和公职律师公司律师制度的意见》、《关于健全生态保护补偿机制的意见》、《关于建立贫困退出机制的意见》、《关于加强儿童医疗卫生服务改革与发展的意见》、《关于深化投融资体制改革的意见》、《关于建立法官检察官逐级遴选制度的意见》、《关于从律师和法学专家中公开选拔立法工作者、法官、检察官的意见》、《关于加强和规范改革试点工作的意见》
23	2016 年 4 月 18 日	审议通过了《北京市、广东省、重庆市、新疆维吾尔自治区关于进一步规范领导干部配偶、子女及其配偶经商办企业行为的规定（试行）》、《关于建立公平竞争审查制度的意见》、《专业技术类公务员管理规定（试行）》、《行政执法类公务员管理规定（试行）》、《关于推进家庭医生签约服务的指导意见》、《关于建立完善守信联合激励和失信联合惩戒制度加快推进社会诚信建设的指导意见》、《关于加强民办学校党的建设工作的意见（试行）》、《民办学校分类登记实施细则》、《营利性民办学校监督管理实施细则》、《保护司法人员依法履行法定职责的规定》、《宁夏回族自治区空间规划（多规合一）试点方案》、《党的十八届五中全会有关改革举措实施规划（2016—2020 年）》
24	2016 年 5 月 20 日	审议通过了《关于统筹推进城乡义务教育一体化改革发展的若干意见》、《关于深化公安执法规范化建设的意见》、《关于支持和发展志愿服务组织的意见》、《探索实行耕地轮作休耕制度试点方案》、《关于发展涉外法律服务业的意见》、《各地区以改革举措落实供给侧结构性改革情况》
25	2016 年 6 月 27 日	审议通过了《关于完善人大代表联系人民群众制度的实施意见》、《关于推进以审判为中心的刑事诉讼制度改革的意见》、《关于设立统一规范的国家生态文明试验区的意见》、《国家生态文明试验区（福建）实施方案》、《关于加快推进失信被执行人信用监督、警示和惩戒机制建设的意见》、《关于海南省域"多规合一"改革试点情况的报告》、《2015 年各地全面深化改革推进情况和工作建议综合报告》

	时间	主要内容
26	2016 年 7 月 22 日	审议通过了《贫困地区水电矿产资源开发资产收益扶贫改革试点方案》、《关于加强文化领域行业组织建设的指导意见》、《关于认罪认罚从宽制度改革试点方案》、《关于建立法官、检察官惩戒制度的意见（试行）》、《关于省以下环保机构监测监察执法垂直管理制度改革试点工作的指导意见》、《关于各地区各部门开展改革督察情况的报告》
27	2016 年 8 月 30 日	审议通过了《关于构建绿色金融体系的指导意见》、《关于完善产权保护制度依法保护产权的意见》、《关于创新政府配置资源方式的指导意见》、《关于实行以增加知识价值为导向分配政策的若干意见》、《关于进一步推广深化医药卫生体制改革经验的若干意见》、《脱贫攻坚责任制实施办法》、《关于完善农村土地所有权承包权经营权分置办法的意见》、《重点生态功能区产业准入负面清单编制实施办法》、《生态文明建设目标评价考核办法》、《关于在部分省份开展生态环境损害赔偿制度改革试点的报告》、《关于从事生产经营活动事业单位改革的指导意见》、《关于公共文化设施开展学雷锋志愿服务的实施意见》、《关于清理规范改革试点情况的报告》、《关于全面深化改革重要举措出台和落实情况的评估报告》
28	2016 年 10 月 11 日	审议通过了《关于推进防灾减灾救灾体制机制改革的意见》、《关于全面推行河长制的意见》、《关于深化统计管理体制改革提高统计数据真实性的意见》、《关于进一步把社会主义核心价值观融入法治建设的指导意见》、《关于全面放开养老服务市场提升养老服务质量的若干意见》、《关于推进安全生产领域改革发展的意见》、《关于促进移动互联网健康有序发展的意见》、《关于深入推进经济发达镇行政管理体制改革的指导意见》、《关于进一步健全相关领域实名登记制度的总体方案》、《省级空间规划试点方案》

	时间	主要内容
29	2016 年 11 月 1 日	审议通过了《建立以绿色生态为导向的农业补贴制度改革方案》、《关于进一步加强和改进中华文化走出去工作的指导意见》、《关于深化职称制度改革的意见》、《关于划定并严守生态保护红线的若干意见》、《关于最高人民法院增设巡回法庭的请示》、《关于进一步引导和鼓励高校毕业生到基层工作的意见》、《关于加强政务诚信建设的指导意见》、《关于加强个人诚信体系建设的指导意见》、《关于全面加强电子商务领域诚信建设的指导意见》、《自然资源统一确权登记办法（试行）》、《湿地保护修复制度方案》、《海岸线保护与利用管理办法》和《关于在深化国有企业改革中坚持党的领导加强党的建设落实情况报告》
30	2016 年 12 月 5 日	审议通过了《关于深化国有企业和国有资本审计监督的若干意见》、《国务院国资委以管资本为主推进职能转变方案》、《关于健全国家自然资源资产管理体制试点方案》、《关于开展知识产权综合管理改革试点总体方案》、《关于加强乡镇政府服务能力建设的意见》、《关于制定和实施老年人照顾服务项目的意见》、《中央国有资本经营预算支出管理暂行办法》、《关于加强耕地保护和改进占补平衡的意见》、《大熊猫国家公园体制试点方案》、《东北虎豹国家公园体制试点方案》、《围填海管控办法》、《关于加强"一带一路"软力量建设的指导意见》和《关于农村集体资产股份权能改革试点情况的报告》
31	2016 年 12 月 30 日	会议审议通过了《中央全面深化改革领导小组 2016 年工作总结报告》、《中央全面深化改革领导小组 2017 年工作要点》。会议审议通过了《关于加快构建中国特色哲学社会科学的意见》、《关于进一步改革完善药品生产流通使用政策的若干意见》、《推行行政执法公示制度、执法全过程记录制度、重大执法决定法制审核制度试点工作方案》、《关于开展落实中央企业董事会职权试点工作的意见》、《关于清理规范重点支出同财政收支增幅或生产总值挂钩事项有关问题的通知》、《矿业权出让制度改革方案》、《矿产资源权益金制度改革方案》、《关于加强和完善城乡社区治理的意见》

注：本表系由作者整理。

附表 10　中央召开党外人士座谈会情况
（2013—2016 年）

次数	时间	中共中央政治局常委出席情况	主要内容
1	2013 年 9 月 17 日	习近平、俞正声、刘云山、张高丽	就中共中央关于全面深化改革若干重大问题的决定听取各民主党派中央、全国工商联领导人和无党派人士的意见和建议
2	2013 年 11 月 22 日	习近平、李克强、俞正声、刘云山、张高丽	就今年经济形势和明年经济工作听取各民主党派中央、全国工商联负责人和无党派人士代表的意见和建议
3	2014 年 8 月 19 日	习近平、张德江、俞正声、王岐山	就中共中央关于全面推进依法治国若干重大问题的决定听取各民主党派中央、全国工商联领导人和无党派人士的意见和建议
4	2014 年 12 月 1 日	习近平、李克强、俞正声、刘云山、张高丽	就今年经济形势和明年经济工作听取各民主党派中央、全国工商联负责人和无党派人士代表的意见和建议
5	2015 年 7 月 24 日	习近平、李克强、刘云山、张高丽	就当前经济形势和下半年经济工作听取各民主党派中央、全国工商联负责人和无党派人士代表的意见和建议
6	2015 年 8 月 21 日	习近平、李克强、俞正声、张高丽	就中共中央关于制定国民经济和社会发展第十三个五年规划的建议听取各民主党派中央、全国工商联领导人和无党派人士的意见和建议
7	2015 年 12 月 10 日	习近平、李克强、俞正声、刘云山、张高丽	就今年经济形势和明年经济工作听取各民主党派中央、全国工商联负责人和无党派人士代表的意见和建议

续表

次数	时间	中共中央政治局常委出席情况	主要内容
8	2016 年 7 月 25 日	习近平、李克强、俞正声、刘云山、张高丽	就当前经济形势和下半年经济工作听取各民主党派中央、全国工商联负责人和无党派人士代表的意见和建议
9	2016 年 8 月 16 日	习近平、俞正声、刘云山、王岐山	就制定新形势下党内政治生活若干准则、修订《中国共产党党内监督条例（试行）》听取各民主党派中央、全国工商联负责人和无党派人士代表的意见和建议
10	2016 年 12 月 6 日	习近平、李克强、俞正声、刘云山、张高丽	就今年经济形势和明年经济工作听取各民主党派中央、全国工商联负责人和无党派人士代表的意见和建议

注：本表系由作者整理。